8° R
11831

AF340577

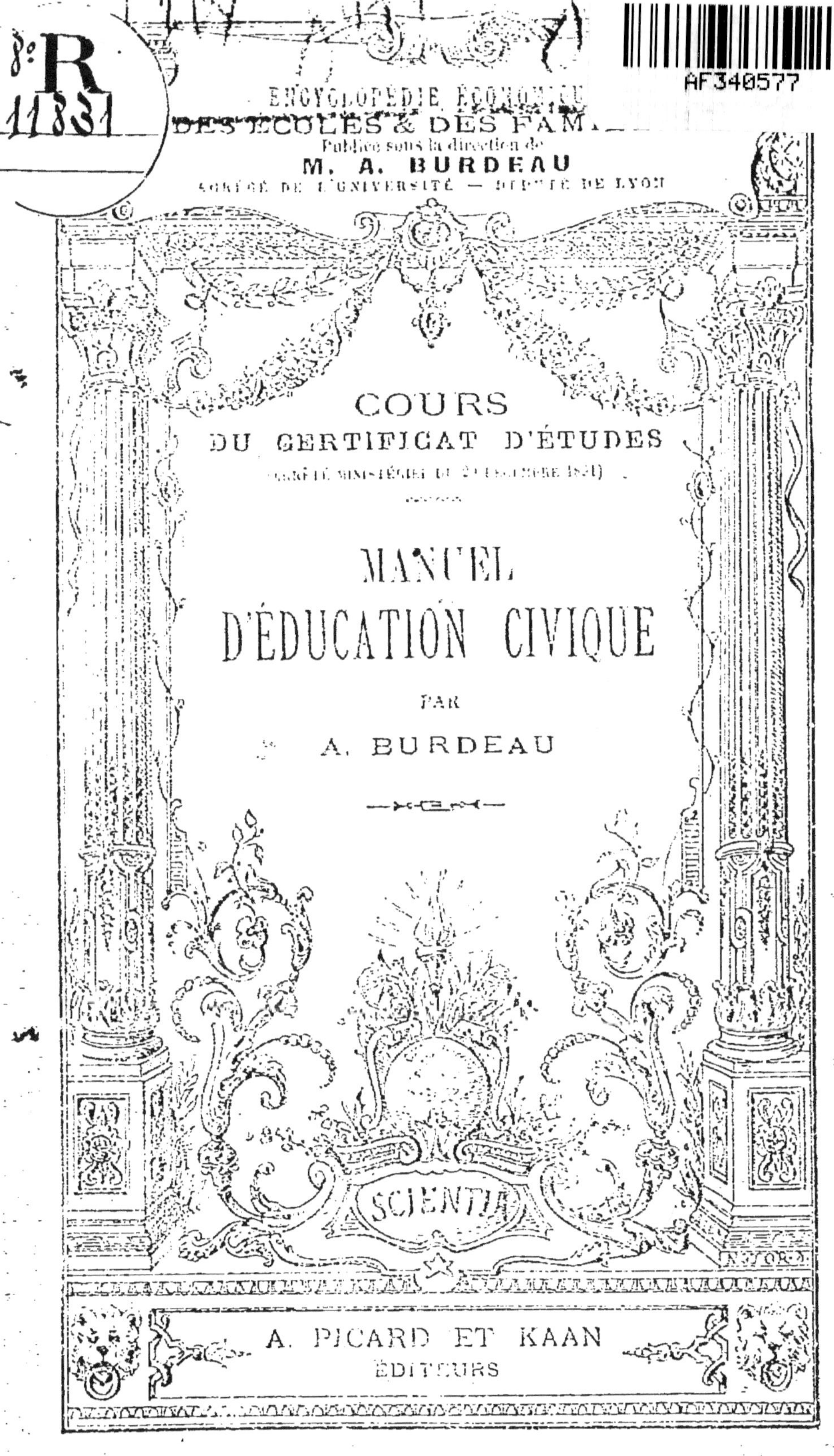

Manuel d'Éducation morale, 1 volume in-12 cartonné . . . 0,50

ENCYCLOPÉDIE ÉCONOMIQUE DES ÉCOLES ET DES FAMILLES

Publiée sous la direction de

M. A. BURDEAU

Ancien élève de l'École normale supérieure, agrégé de l'Université
Député de Lyon
Chevalier de la Légion d'honneur

COURS DU CERTIFICAT D'ÉTUDES

(ARRÊTÉ MINISTÉRIEL DU 29 DÉCEMBRE 1891)

MANUEL
d'Éducation Civique

PAR

A. BURDEAU

Leçons — Entretiens — Devoirs d'examen

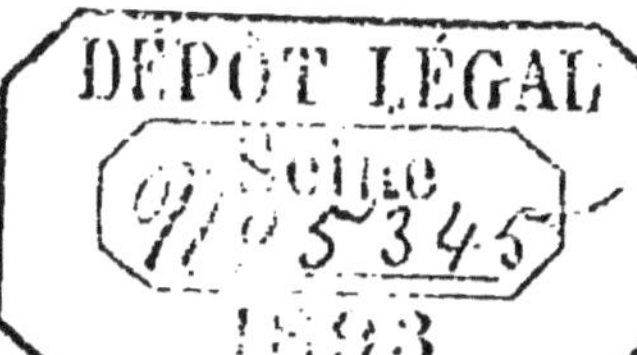

... Bien apprendre ce qu'il n'est pas permis d'ignorer.

O. GRÉARD.

DÉPOT LÉGAL
Seine
N° 5345
1893

PARIS
ALCIDE PICARD ET KAAN, ÉDITEURS
11, RUE SOUFFLOT, 11

—

Tous droits réservés

ÉDUCATION CIVIQUE

PRÉLIMINAIRES

L'instruction civique nous apprend ce que c'est qu'un bon citoyen.

Les citoyens ont des droits et des devoirs : s'ils exercent bien leurs droits, s'ils accomplissent fidèlement leurs devoirs, la France sera libre et forte. Sinon, elle succombera sous nos fautes, et sous les coups de ses ennemis.

Mais d'abord, il faut que chacun connaisse les droits et les devoirs du citoyen.

PREMIÈRE LEÇON

Sommaire. — 1. LA NATION FRANÇAISE. — 2. LE CITOYEN. — 3. LE SUFFRAGE UNIVERSEL. — 4. L'UNITÉ DE LA FRANCE. — 5. LES DIVISIONS DU TERRITOIRE.

1. LA NATION FRANÇAISE. — **La France est une nation libre.**

Elle est une *nation*, c'est-à-dire une race d'hommes qui parlent la même langue, qui habitent depuis les temps les plus reculés une même terre entourée par des limites naturelles, qui ont cultivé cette terre à la sueur de leur front, qui l'ont défendue contre l'étranger au prix de leur sang, et qui veulent continuer à y vivre et à en rester maîtres, eux et leurs descendants.

Une partie de la France est en ce moment sous la puissance de l'étranger. Mais le monde entier sait que nous sommes résolus à délivrer un jour nos frères opprimés; et l'histoire montre que *la France a toujours fini par chasser ses oppresseurs.*

La France ne veut pas être commandée par l'étranger; mais elle n'entend pas non plus remettre ses destinées aux mains d'*un seul homme* comme elle l'a fait jadis avec les rois et les empereurs.

2. LE CITOYEN. — Tout Français âgé de vingt et un ans, à moins d'avoir été condamné à une peine infamante, est **citoyen**. Les citoyens français n'obéissent qu'aux lois qu'ils se sont eux-mêmes données et aux autorités qu'ils ont chargées de faire respecter ces mêmes lois. *C'est en cela que consiste la liberté.*

L'Alsace et la Lorraine sont en ce moment sous la puissance de l'étranger. Mais nous sommes résolus à les délivrer un jour : *La France a toujours fini par chasser ses oppresseurs.*

3. LE SUFFRAGE UNIVERSEL. — Un citoyen ne peut à lui tout seul ni faire une loi, ni créer une autorité : il faut pour cela qu'il s'entende avec tous les autres citoyens, c'est-à-dire avec la nation de qui émane tout pouvoir. La nation seule a le droit de faire les lois et d'établir les autorités : c'est ce droit qu'on appelle la **souveraineté nationale.**

Toutes les fois qu'il y a lieu d'exercer la souveraineté nationale, les citoyens s'assemblent dans leurs *comices :* c'est-à-dire qu'à un jour donné, ils se réunissent dans des maisons choisies exprès, généralement à la Mairie. Une fois là, au lieu de discuter eux-mêmes les lois, ce qui serait impossible, puisqu'*il y a plus de dix millions de citoyens,* ils se contentent de choisir les hommes qui seront chargés de diriger les affaires publiques. Cela se fait en **votant**, c'est-à-dire en mettant dans une urne un bulletin où chacun inscrit le nom de ceux qu'il voudrait voir choisir. Ceux qui ont le plus de voix, c'est-à-dire la majorité, sont *élus*. Les élus sont les **représentants** de la nation, députés, sénateurs, etc.

Les bulletins de vote s'appellent encore les *suffrages*; chaque citoyen ou électeur a le droit de déposer un suffrage. Aussi dit-on que la souveraineté nationale s'exerce par le **suffrage universel.**

4. L'UNITÉ DE LA FRANCE. — En principe, la nation tout entière peut seule régler les affaires publi-

ques : par conséquent, ni un citoyen isolé, ni un groupe de citoyens, ni même une partie de la France ne peuvent à eux seuls faire des lois ou créer des autorités. **La France est une et indivisible.**

Cependant il y a des affaires

Le vote. — Le lieu où l'on vote s'appelle *collège électoral;* le bureau est composé d'un président et de deux assesseurs; le scrutin est ouvert de 8 heures du matin à 6 heures du soir.

publiques qui intéressent seulement une petite partie de la nation : ainsi, dans un village, c'est aux citoyens qui y habitent de juger s'il faut faire tel ou tel chemin, réparer tel ou tel pont; ceux qui s'en serviront tous les jours sont plus à même que personne de savoir si la chose en vaut la peine : ils seront les premiers à en avoir le profit ou le déboire. En pareil cas, *le mieux est de laisser aux gens du pays le soin de régler leurs affaires,* sauf à les surveiller pour qu'ils ne fassent pas tort aux communes voisines.

5. Les divisions du territoire. — En conséquence, on a divisé la France en un certain nombre de régions, en ayant soin de mettre ensemble les citoyens qui ont des intérêts communs et qu'ils peuvent régler entre eux. On a fait ainsi les **départements,** qui sont au nombre de 87, y compris le territoire de Belfort.

Ensuite on a fait pour les départements comme on avait fait pour la France : on les a partagés en régions plus petites : les **arrondissements.** Les arrondissements ont été subdivisés en **cantons,** et enfin les cantons en **communes.**

ENTRETIENS

L'instruction civique

1. Que nous apprend l'instruction civique?

L'instruction civique nous apprend à devenir de bons citoyens, par le juste exercice de nos droits et la pratique de nos devoirs.

2. Qu'est-ce que doit connaître tout Français?

Tout Français doit connaître ses droits et ses devoirs. Cela est de la plus haute nécessité.

La nation française

3. La France est-elle une nation libre? Comment est-elle composée ?

La France est une nation libre; elle est composée d'hommes de même race, parlant la même langue et qui ont défendu leur pays au prix de leur sang.

4. Quelle est la partie de la France qui, en ce moment, est encore sous la domination de l'étranger?

L'Alsace et la Lorraine sont encore sous la domination de l'Allemagne, mais nous conservons toujours l'espoir de délivrer nos compatriotes.

5. Comment la France est-elle gouvernée?

La France se gouverne elle-même.

Le citoyen

6. A quelles conditions est-on citoyen en France?

Tous les hommes âgés de plus de vingt et un

ans, non privés de leurs droits, sont citoyens.

Le suffrage universel

7. Sont-ce les citoyens qui font les lois ou les députés et sénateurs nommés par le suffrage universel?

La nation, par l'intermédiaire de ses représentants, a seule le droit de créer et de faire appliquer les lois; c'est ce droit qu'on appelle la Souveraineté nationale.

8. Qu'est-ce que le suffrage universel?

Le suffrage universel est la réunion des votes exprimés par tous les électeurs.

9. En quoi consiste le vote?

Le vote consiste à mettre dans une urne le nom du candidat que l'on voudrait voir choisir; celui qui obtient la majorité des voix est élu.

10. Comment nomme-t-on les élus?

Les élus sont les représentants de la nation; on les appelle députés ou sénateurs.

L'unité de la France

11. Expliquez comment la France est une et indivisible.

La France est une et indivisible, parce qu'aucune fraction de ses citoyens autres que ceux qui ont été choisis par le suffrage universel, ne peut faire des lois ou créer des autorités.

12. Pourquoi, dans certains cas, laisse-t-on aux autorités locales le soin de régler leurs affaires?

Les autorités locales, les habitants d'un village, par exemple, connaissent mieux que qui que ce soit les besoins de leur pays; ils sont à même de savoir si tel chemin ou tel pont doit être construit ou réparé, s'il vaut mieux faire telle dépense que telle autre, etc.

Les divisions du territoire

13. En combien de départements la France est-elle divisée?

La France est divisée en 87 départements y compris le territoire de Belfort.

14. Comment a-t-on divisé les départements?

Les départements sont eux-mêmes divisés en arrondissements, en cantons et en communes. On a subdivisé les arrondissements en cantons, et les cantons en communes.

Devoirs d'examen.

I. Parlez de l'état politique de la France et dites pourquoi elle est une nation libre. Qu'est-ce qu'un citoyen?

II. Expliquez ce que l'on entend par souveraineté nationale et dites ce que vous savez de l'organisation du suffrage universel.

III. Dites pourquoi la France est une et indivisible et quelles sont ses divisions territoriales.

DEUXIÈME LEÇON

Sommaire.— 1. CE QUE C'EST QUE LA COMMUNE. — 2. LE BUDGET DE LA COMMUNE. — 3. LE CONSEIL MUNICIPAL. — 4. LE MAIRE. — 5. LA TUTELLE DE L'ÉTAT SUR LA COMMUNE. — 6. LES ADJOINTS. — 7. LE CANTON. — 8. L'ARRONDISSEMENT. — 9. LE SOUS-PRÉFET.

1. CE QUE C'EST QUE LA COMMUNE. — La **Commune** est la plus petite des divisions administratives de la France : elle est composée en général de plusieurs *hameaux*, réunis de longue date à un *chef-lieu*. La plupart des communes existent depuis bien des siècles; seulement, avant la Révolution de 1789, elles s'appelaient *paroisses* et elles étaient administrées en partie par les seigneurs, en partie par les agents du roi, jamais par les élus du suffrage universel.

Toutes les communes ont des propriétés : c'est d'abord la **mairie** ou *maison commune*, l'école, le cimetière, le marché, les chemins vicinaux; presque toutes ont aussi une église ou un temple, ou une synagogue, et un presbytère pour loger le desservant du culte. Elles peuvent également posséder des terres, des bois, des maisons, des rentes sur l'État, etc.

2. LE BUDGET DE LA COMMUNE. — La Commune doit entretenir tous les édifices qui lui appartiennent, et

tous les chemins vicinaux. Cet entretien est pour elle une source de **dépenses**.

Pour faire face à ces dépenses, il lui faut des **recettes** : ce sont d'abord ses *rentes* et le *revenu* de ses immeubles, quand elle en a ; puis une partie des *impôts* que les contribuables payent à l'État, et dont nous parlerons plus loin ; enfin certaines **taxes municipales**, telles que les octrois, la taxe des marchés, celle des chiens, etc.

Ainsi une commune a des recettes et des dépenses. *Il faut donc que les recettes soient égales aux dépenses ;* sinon la com-

La Mairie. — C'est à la mairie que sont installés les divers services municipaux : les bureaux de l'état civil, militaire, de la voirie, de l'assistance publique, etc. Le maire et les adjoints y ont leur cabinet, le conseil municipal y tient ses séances. La gravure représente la *mairie d'Angoulême.*

mune se trouverait sans argent et ne pourrait plus payer ses employés, le secrétaire de sa mairie, son cantonnier, etc. ; elle laisserait les chemins se dégrader, l'école tomber en ruines, etc. Il importe donc que, chaque année, la commune fasse le compte de ses dépenses de l'année suivante et s'arrange pour avoir des recettes égales. C'est là ce qui constitue un **budget en équilibre**.

3. Le conseil municipal. — Pour administrer les af-

faires communales, les électeurs nomment des **conseillers municipaux**, en nombre proportionnel à celui des habitants de la commune : les communes de moins de 500 habitants en ont 10. Lyon en a 54, Paris en a 80. Pour être élu conseiller municipal, il faut avoir 25 ans et être domicilié dans la commune, ou du moins y payer une des quatre contributions directes. Les conseillers sont élus pour quatre ans.

Le conseil municipal se réunit quatre fois par an au moins, en février, mai, août et novembre. Il nomme un *maire* qui est chargé d'exécuter ses volontés.

Le **Conseil municipal** se réunit à la mairie, pour s'occuper des intérêts de la commune. Les séances sont publiques, mais les assistants n'ont pas le droit de manifester leurs sentiments.

4. LE MAIRE. — Le **maire** préside les séances du conseil ; il dresse le tableau des recettes et des dépenses, c'est-à-dire le *budget*, qu'il soumet ensuite à l'approbation des conseillers municipaux. En outre, il nomme les employés de la commune, comme le garde-champêtre et le secrétaire de la mairie ; il veille à la *police* des rues et à celle des champs.

Le maire est enfin **officier de l'état civil** : c'est-à-dire qu'il tient le registre des *naissances*, des *mariages* et des *décès*[1]. Au moyen de ce registre, on peut toujours savoir avec certitude quel est l'âge d'une personne, quels sont ses parents, s'ils sont vivants, etc. ;

1. Voir *Notions de Droit usuel, de Droit commercial et d'Économie politique,* par REVERDY et BURDEAU.

cela est très important quand il y a des héritages, pour savoir à qui ils reviennent. C'est aussi par ce registre qu'on voit quels doivent être les **conscrits** de l'année, de façon à empêcher que pas un d'entre eux n'échappe au service militaire.

5. La tutelle de l'État sur la commune. — Le service militaire n'est pas une affaire qui regarde la commune; la France tout entière est intéressée à ce que chacun soit soldat à son tour. Le maire, quand il agit comme officier de l'état civil, n'est donc plus seulement le mandataire du conseil municipal; il agit **au nom de la nation**. Ce n'est pas le seul cas où cela lui arrive, car il est chargé en général de *veiller à l'exécution des lois*.

Le **tirage au sort** a lieu au chef-lieu de canton, les conscrits sont appelés par ordre alphabétique, pour prendre leur numéro dans l'urne. C'est encore au chef-lieu de canton qu'a lieu le conseil de revision.

Le maire est à la fois le *chef du conseil municipal* et le *représentant de la France* dans la commune. Voilà pourquoi il dépend des deux : le conseil municipal le nomme, mais le Gouvernement peut le suspendre et même le révoquer, s'il ne remplit pas bien ses devoirs envers la nation.

Le conseil municipal lui-même pourrait parfois sortir de ses attributions ou manquer à ses devoirs : si, par exemple, il créait des impôts excessifs, s'il faisait des emprunts exagérés, ou s'il refusait d'entretenir l'école, il risquerait de jeter la commune dans la misère ou dans l'ignorance : la France entière en souffrirait. Aussi quand un conseil veut établir des droits d'octroi ou emprunter une grosse somme, il doit demander *l'approbation du Gouvernement;* de même, quand il refuse de faire des dépenses tout à fait nécessaires, comme celles des écoles, le Gouvernement les impose à la commune malgré elle.

6. LES ADJOINTS. — Le maire a auprès de lui un ou plusieurs **adjoints**, nommés par le conseil pour une période de quatre ans; ils sont chargés de l'aider, ou même, en cas d'absence, de le remplacer : il y a un adjoint dans les communes au-dessous de 2 500 âmes, et deux au moins dans les communes plus populeuses.

Il y a en France environ 36 000 communes.

7. LE CANTON. — Le **canton** est en général une réunion de plusieurs communes; cependant certaines villes forment à elles toutes seules un ou plusieurs cantons.

La justice de paix a son siège au chef-lieu de canton. Le juge de paix appelle d'abord les plaideurs dans son cabinet pour la conciliation ; l'affaire ne vient en audience publique que quand les parties n'ont pu se mettre d'accord.

Le canton n'est pas, comme la commune, un territoire dont les citoyens gèrent eux-mêmes leurs intérêts locaux : il est seulement ce qu'on appelle une *division administrative.* Ainsi, il n'y a pas de conseil cantonal. Seulement, dans chaque chef-lieu de canton, il y a un *juge de paix,* un *percepteur,* un *receveur d'enregistrement,* un *brigadier de gendarmerie,* des *délégués cantonaux,* qui sont nommés par le Gouvernement; nous verrons plus tard quelles sont leurs fonctions.

Il y a en France environ 2 800 cantons.

8. L'ARRONDISSEMENT. — **L'arrondissement** est formé de cantons, comme le canton est formé de communes. Il a un conseil d'arrondissement composé de un citoyen par canton et élu pour 6 ans. Le **conseil d'arrondissement** ne fait que *répartir les contributions directes* entre les communes; il peut aussi exprimer des *vœux* pour le bien de l'arrondissement; mais il n'a rien à administrer, car l'arrondissement ne possède rien et ne peut établir aucun impôt : puisqu'il n'a pas de revenus, il est donc juste qu'il n'ait pas de dépenses.

9. LE SOUS-PRÉFET. — Au chef-lieu d'arrondissement se trouve un **sous-préfet** qui est nommé par le Gouvernement et chargé de veiller sur les actes des maires et des conseils municipaux, de les conseiller au besoin dans les affaires difficiles, et de les maintenir, s'il le faut, dans le respect des lois.

ENTRETIENS

La commune

1. Qu'est-ce qu'une commune et de quoi se compose-t-elle?

La commune, la plus petite division administrative de la France, est composée en général de plusieurs hameaux, avec un chef-lieu.

2. Quel nom portaient les communes avant la Révolution et comment étaient-elles administrées?

Avant la Révolution, les communes étaient administrées en partie par les seigneurs, en partie par les agents du roi; elles s'appelaient paroisses.

3. Quelles sont les propriétés de la commune?

La mairie, les écoles, le cimetière, l'église, les chemins vicinaux et le marché sont des propriétés appartenant à la commune; elle peut encore posséder des terres, des bois, des maisons, des rentes sur l'État, etc.

4. Parlez des recettes et des dépenses de la commune.

Outre les rentes qu'elle peut avoir, les recettes de la commune consistent dans les revenus de ses immeubles, dans les impôts qu'elle perçoit et dans les taxes des octrois, marchés, etc. Avec ses recettes, elle fait face aux différentes dépenses qui lui incombent pour l'entretien de ses édifices et des chemins vicinaux.

5. Qu'est-ce qui constitue l'équilibre du budget?

Pour qu'un budget soit en équilibre, il faut que les recettes égalent les dépenses.

6. Quels sont les citoyens qui administrent les affaires communales?

Les électeurs nomment des conseillers municipaux; ces conseillers sont chargés d'administrer les affaires de la commune.

7. Le nombre des conseillers municipaux est-il le même dans toutes les communes?

Les communes de moins de 500 habitants ont 10 conseillers. Lyon en a 54, Paris en a 80.

8. Tous les Français peuvent-ils être élus conseillers municipaux? Pour combien de temps les conseillers sont-ils nommés?

Seuls, les électeurs âgés de 25 ans au moins et payant dans la commune une des quatre contributions directes peuvent être élus conseillers municipaux. Les conseillers sont nommés pour trois ans.

9. Combien de fois par an et à quelles époques le Conseil municipal se réunit-il?

Le Conseil municipal doit se réunir au moins quatre fois par an, en février, mai, août et novembre.

10. Par qui sont nommés le maire et les adjoints?

Le maire et, selon l'importance de la commune,

un ou plusieurs adjoints, sont nommés par le Conseil municipal pour quatre ans.

11. Quelles sont les fonctions du maire?

Le maire préside les séances du Conseil municipal, il fait exécuter ses décisions. Le maire est encore officier de l'état civil : il tient les registres des naissances, des mariages et des décès.

12. Par qui les employés de la commune sont-ils nommés?

Tous les employés de la commune sont nommés par le maire.

13. Le service militaire regarde-t-il seulement la commune?

La France entière étant intéressée à ce que chacun soit soldat à son tour, le maire, en faisant exécuter les lois, agit au nom de la nation.

14. Le Gouvernement peut-il suspendre ou révoquer un maire?

Si le maire ne remplit pas bien ses devoirs envers la nation, le Gouvernement peut le suspendre et même le révoquer de ses fonctions.

15. Dans quels cas le Conseil municipal est-il obligé de demander l'approbation du Gouvernement?

Quand un Conseil municipal veut établir des droits d'octroi ou contracter un emprunt, il est tenu d'en demander l'autorisation au Gouvernement.

16. Si le Conseil refusait de faire certaines dépenses reconnues urgentes, le Gouvernement pourrait-il les lui imposer?

Si le Conseil municipal refusait de voter des fonds pour des dépenses nécessaires, comme l'entretien des routes, des propriétés communales, etc., le Gouvernement pourrait l'y obliger.

17. Combien y a-t-il de communes en France?

Il y a en France environ 36 000 communes.

Le canton

18. Qu'est-ce qu'un canton?

Un canton est la réunion de plusieurs communes;

cependant, certaines villes en forment un à
elles seules. Quelques grandes villes sont
même partagées en plusieurs cantons.

19. Quels sont les fonctionnaires qui résident au chef-lieu de canton?

Dans chaque chef-lieu de canton, il y a un juge
de paix, un percepteur, un receveur d'enregistrement, un brigadièr de gendarmerie, des
délégués cantonaux.

20. Où ont lieu le tirage au sort et le conseil de revision?

C'est au chef-lieu de canton qu'ont lieu le tirage
au sort et le conseil de revision.

21. Combien comptons-nous de cantons?

Il y a en France 2 800 cantons.

L'arrondissement

22. De quoi est formé l'arrondissement?

Comme le canton, qui est formé de communes,
l'arrondissement est formé d'un certain nombre
de cantons.

23. Comment est nommé le Conseil d'arrondissement et quelles
sont ses attributions?

Le Conseil d'arrondissement est composé d'un
citoyen par canton et élu pour six ans. Les
conseillers d'arrondissement ne peuvent émettre
que des vœux et ne votent aucun impôt; ils
sont chargés de la répartition des contributions
directes.

24. Par qui est nommé le sous-préfet et quelles sont ses fonctions?

Les sous-préfets, qui résident dans chaque chef-
lieu d'arrondissement, sont nommés par le Gouvernement, dont ils sont les principaux représentants, et chargés, à ce titre, de faire respecter
les lois.

Devoirs d'examen.

I. Qu'est-ce qu'une commune? Par qui est-elle administrée? Parlez du budget communal.

II. Qu'est-ce que le conseil municipal? Parlez du maire et de ses fonctions comme président du conseil municipal et comme officier de l'état civil. L'administration de la commune est-elle indépendante de l'État?

III. Dites ce que c'est qu'un canton et quels sont les fonctionnaires qui y résident et ce qui s'y passe chaque année.

IV. Qu'est-ce qu'un arrondissement? Rôle du conseil d'arrondissement. Quel est le fonctionnaire chargé de l'administration et quelles sont ses attributions?

TROISIÈME LEÇON

Sommaire. — 1. CE QU'EST LE DÉPARTEMENT. — 2. LE BUDGET DU DÉPARTEMENT. — 3. LE CONSEIL GÉNÉRAL. — 4. LE PRÉFET.

1. CE QU'EST LE DÉPARTEMENT. — Le **département** est la plus vaste de toutes les divisions du territoire : il comprend plusieurs arrondissements, une vingtaine de cantons au moins, une ou plusieurs centaines de communes.

Les départements les moins peuplés, comme celui des *Hautes-Alpes*, par exemple, comptent encore 120 000 habitants; les plus peuplés, comme ceux du *Nord* et de la *Seine*, en ont de 1 à 3 millions.

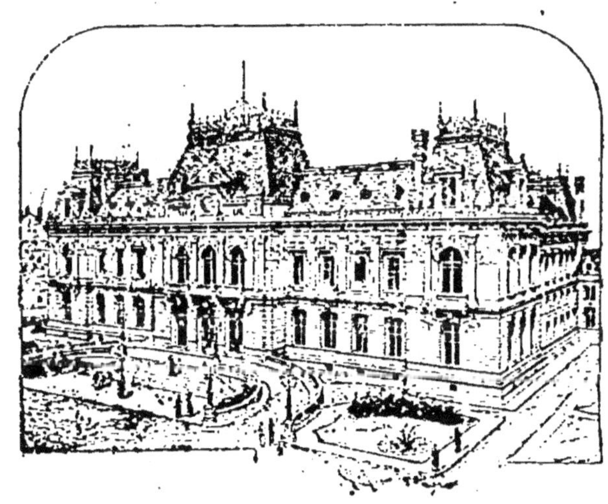

C'est à la **Préfecture** que demeure le Préfet et que se trouvent le conseil de préfecture, les bureaux de tous les services départementaux, le bureau de l'inspecteur d'académie, etc., etc. La gravure représente la *préfecture de Lyon*.

2. LE BUDGET DU DÉPARTEMENT. — Le département a des dépenses nombreuses : il est obligé d'entretenir les *routes départementales, certains chemins vicinaux,*

les *canaux*, s'il s'en trouve sur son territoire, les *ports*, les chemins de fer départementaux ou *d'intérêt local*, et enfin les édifices départementaux : ces édifices sont, d'abord, les *hôtels du préfet* et des *sous-préfets;* les *bureaux de l'administration académique;* les *écoles normales* d'instituteurs et d'institutrices; les maisons où se tiennent la *cour d'assises,* les *tribunaux civils,* et les *tribunaux de commerce,* les *prisons* et les *casernes de gendarmerie.* Le département se charge souvent volontairement d'entretenir des *asiles* pour les vieillards, les infirmes ou les aliénés, des *fermes modèles,* des *monuments historiques,* etc.

Pour ces **dépenses,** le département a des **recettes** : ce sont d'abord les *revenus des propriétés* qu'il peut avoir, puis certains *impôts* qu'il vote et que les contribuables payent en sus et à proportion de ceux qu'ils doivent à l'État, c'est-à-dire à la France : on les appelle pour cette raison les *centimes additionnels.* L'**État** vient aussi en aide aux départements les moins riches par des *allocations.* Ils peuvent également recevoir les *dons* des particuliers. Enfin, dans certains cas, ils *empruntent :* c'est quand il s'agit de dépenses considérables et destinées à rendre des services pendant de longues années. Ainsi quand on construit une école normale ou un chemin de fer départemental, qui dureront peut-être plus d'un siècle et qu'il faut payer à l'entrepreneur en un ou deux ans, le département emprunte pour payer; puis il rembourse petit à petit son emprunt, il *amortit* comme on dit, en trente, quarante années, ou même davantage. Les emprunts sont des ressources dites *extraordinaires,* car on ne peut y recourir que très rarement : on dit par suite que le département a un *budget ordinaire* et un *budget extraordinaire.*

3. LE CONSEIL GÉNÉRAL. — Le département a son conseil comme la commune; il se nomme le **Conseil général,** et il est élu pour *six ans* à raison de un conseiller nommé par chaque canton. Il se réunit deux

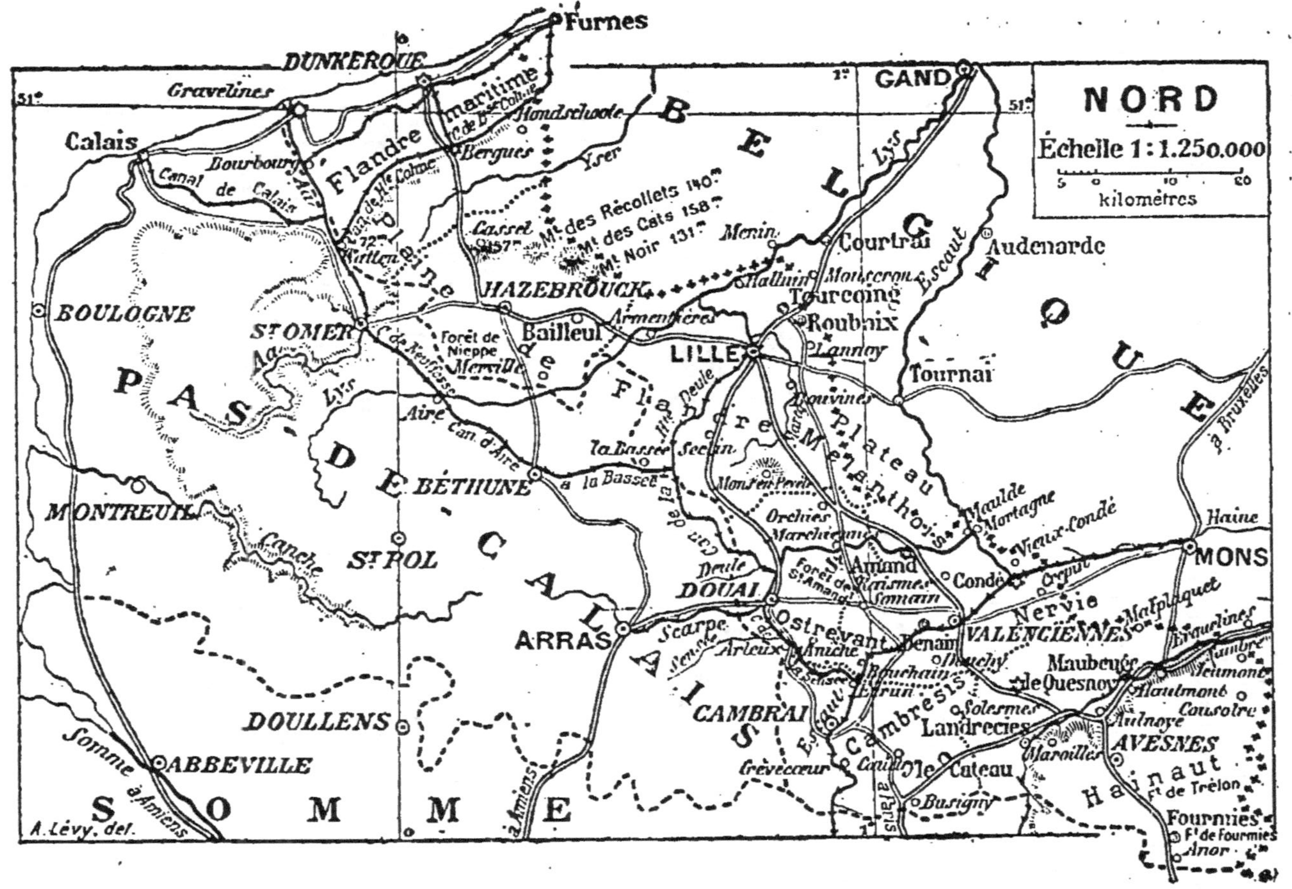

Le **département du Nord** a une population de 1 736 341 habitants. Il est divisé en 7 arrondissements, 66 cantons et 600 communes. — Sa superficie est de 567 781 hectares.

fois par an, après Pâques et au mois d'août. Il vote le budget du département.

Le conseil général est placé, comme le conseil municipal, sous la tutelle de l'État. Il nomme son président, et ce président ne peut pas, comme le maire, être révoqué par l'État. Mais d'un autre côté, le département est une partie très considérable de la France : si un seul département était mal administré, mal pourvu de routes, privé d'écoles normales ou écrasé d'impôts

Les séances du **Conseil général** sont publiques.

et de dettes, ce serait un malheur national. Aussi le Gouvernement est-il représenté par un préfet qui a auprès du Conseil général le rôle du maire auprès du conseil municipal.

4. LE PRÉFET. — Le département est administré par le **préfet**, sous le contrôle du Conseil général dont il est l'auxiliaire, et dont il fait exécuter les décisions C'est lui, d'ailleurs, qui fait préparer le budget départemental et le présente au Conseil avant que le Gouvernement puisse le déclarer valable. Comme représentant du département, il signe les contrats, fait payer les dépenses, et soumet au Gouvernement, pour avoir l'avis des Chambres, les projets d'emprunt du Conseil général.

Préfet en costume officiel.

Comme représentant de l'État, le préfet surveille

l'exécution des lois, maintient l'ordre public, nomme à un grand nombre d'emplois, salariés ou non, est le chef de tous les services administratifs. Enfin, il est le tuteur des communes, et c'est lui qui approuve leur budget.

Ses attributions sont donc très complexes. Aussi a-t-il, auprès de lui, pour l'aider, un *secrétaire général*, qui remplit les fonctions de sous-préfet, et un *Conseil de préfecture*, tribunal administratif, qui juge les difficultés qui ont trait au recouvrement des impôts directs, et les contestations relatives aux travaux publics.

ENTRÉTIENS

Le département

1. Qu'est-ce qu'un département et de quoi est-il composé?

Le département, dont le chef-lieu est le siège de la Préfecture, est composé des arrondissements, des cantons et des communes qui en dépendent.

2. Que doit entretenir le département?

Le département est tenu d'entretenir les routes départementales, certains chemins vicinaux, les canaux, les chemins de fer d'intérêt local et les édifices départementaux.

3. Citez quelques édifices départementaux.

La Préfecture, les sous-préfectures, les écoles normales, les tribunaux, la gendarmerie, etc., sont des édifices départementaux.

4. Avec quelles ressources le département fait-il face aux dépenses qui lui incombent?

Le département a des recettes qui lui permettent de faire face à ses dépenses. Ces recettes sont fournies par les revenus de ses propriétés et certains impôts produits par les centimes additionnels.

5. Comment les départements peuvent-ils encore voir augmenter
leurs recettes?

Les départements peu riches reçoivent des
allocations de l'État. Ils peuvent recevoir des
dons et contracter des emprunts.

6. Comment se font les remboursements des sommes empruntées
par le département?

Les remboursements se font graduellement, en
un nombre d'années convenu au moment de
l'emprunt.

7. Le département n'a-t-il pas un Conseil?

De même que la commune a un Conseil municipal, le département a un conseil appelé Conseil général.

8. Pour combien de temps sont élus les conseillers généraux? Quand
se réunissent-ils?

Les conseillers sont nommés pour six ans à
raison de un conseiller par canton; ils se réunissent après Pâques et au mois d'août.

9. Le Conseil général, placé sous la tutelle de l'État, nomme-t-il
son président?

Comme le Conseil municipal nomme son président, qui est en même temps maire de la commune, le Conseil général nomme son président;
mais contrairement au maire, ce dernier ne
peut être révoqué par l'État.

Le préfet

10. Quel est le rôle du préfet auprès du Conseil général?

Le préfet représente le Gouvernement auprès du
Conseil général; il y remplit le même rôle que
le maire auprès du Conseil municipal.

11. Quelles sont ses autres fonctions?

Le préfet administre le département; il présente
le budget au Conseil général; il soumet les projets d'emprunts au Gouvernement.

12. Quels sont les auxiliaires du préfet dans son administration?

Pour l'aider, le préfet a, auprès de lui, un secrétaire général et, pour l'éclairer, un Conseil de préfecture.

Devoirs d'examen.

I. Dites ce que vous savez du département; de quoi il est composé; de son budget.

II. Quels sont les rapports du préfet et du Conseil général?

III. Parlez des diverses attributions du préfet.

QUATRIÈME LEÇON

Sommaire. — 1. L'ÉTAT. — 2. LA CONSTITUTION. — 3. LA CHAMBRE DES DÉPUTÉS. — 4. LE SÉNAT. — 5. LA LOI. — 6. LE BUDGET DE L'ÉTAT. — 7. LE PRÉSIDENT DE LA RÉPUBLIQUE. — 8. LE CONSEIL DES MINISTRES. — 9. LE DROIT DE DISSOLUTION.

1. L'ÉTAT. — L'**État,** c'est l'*ensemble des citoyens français,* représentés par ceux qui ont été *élus* pour s'occuper des affaires de la nation.

2. LA CONSTITUTION. — Les représentants de la France, réunis en *Assemblée nationale* après la guerre, ont voté, en 1875, la **constitution,** c'est-à-dire la loi suprême qui règle l'organisation et les rapports des pouvoirs publics. La constitution établit en France la *République démocratique,* ou gouvernement du suffrage universel.

La Chambre des députés. — Les députés siègent au palais du Corps législatif, qui porta jusqu'en 1848, le nom de *Palais Bourbon.* La salle actuelle fut achevée de bâtir en 1832, par de Joly, architecte. La façade sur le quai, que représente la gravure, a été construite par Poyet en 1808.

Le suffrage universel gouverne par l'intermédiaire:

1° des **deux Chambres**, le *Sénat* et la *Chambre des députés*, qui ont le pouvoir de faire les lois, ou *pouvoir législatif;* — 2° du **président de la République** assisté des **ministres**, qui ont le pouvoir de faire exécuter les lois, ou *pouvoir exécutif.* Les deux Chambres s'appellent encore le *Parlement;* les ministres, avec le président de la République, constituent le *Gouvernement.*

3. LA CHAMBRE DES DÉPUTÉS. — Les **députés** sont élus tous les quatre ans par le suffrage universel *direct.* Chaque arrondissement nomme un député. Les arrondissements dont la population dépasse cent mille habitants, nomment un député de plus par cent mille ou fraction de cent mille habitants. Dans ce cas, les arrondissements sont divisés en circonscriptions : c'est ce qu'on appelle le scrutin d'arrondissement. Il y a *581 députés,* tant pour la France que pour l'Algérie et les colonies. Mais naturellement le nombre peut varier à chaque *dénombrement* de la population. — Le **dénombrement** se fait tous les cinq ans : chaque citoyen doit déclarer exactement le nombre de personnes qui composent la famille habitant sous son toit, afin que l'on sache bien quelle est la population de son département; sans quoi le département risquerait

Palais du Luxembourg. — Construit par Jacques de Brosse, sur l'ordre de Marie de Médicis. Les travaux commencés en 1615, furent terminés en 1620. Le Sénat siège au palais du Luxembourg.

de n'avoir pas sa juste part dans la représentation de la France.

Pour être élu député, il faut avoir 25 ans au moins, et obtenir : au premier tour de scrutin, la majorité absolue des suffrages exprimés et un nombre de voix égal au quart des électeurs inscrits dans la circonscription; au deuxième tour, il suffit d'avoir la majorité relative.

4. LE SÉNAT. — Les **sénateurs** sont élus dans chaque département par le suffrage universel *indirect* ou à deux degrés. Ils ont en effet des électeurs spéciaux, mais qui sont eux-mêmes tous élus par le suffrage universel; ces électeurs sont : 1° les *délégués des conseils municipaux*, dont le nombre varie de un à vingt-quatre, selon le nombre des membres du

Réunion publique. — En respectant les lois, qui sont l'expression de la volonté nationale, tout citoyen est libre d'organiser des réunions publiques pour y exposer ses idées.

conseil municipal lui-même; 2° les *conseillers d'arrondissement*; 3° les *conseillers généraux*; 4° les *députés*. Il y a dans chaque département un nombre de sénateurs fixé par la loi, qui varie depuis 1 jusqu'à 10. *Il y a 300 sénateurs en tout.*

Là où il y a plusieurs sénateurs, le vote a lieu au scrutin de liste. Les sénateurs sont élus pour neuf ans; tous les trois ans, le tiers des départements renouvelle ses sénateurs.

Pour être élu sénateur, il faut avoir 40 ans au moins.

Le Sénat, qui peut autoriser le Président de la République à dissoudre la Chambre des députés, avant l'expiration de son mandat, ne peut lui-même être dissous par aucun pouvoir.

5. La loi. — Les **lois** peuvent être *proposées* soit par le Gouvernement, soit par un député ou un sénateur quelconque. Elles doivent être *votées* par les deux Chambres successivement : le Président de la République les *promulgue* ensuite, en les faisant afficher sur tout le territoire.

Les lois, étant l'œuvre de ceux qui représentent régulièrement la nation, doivent être tenues pour l'**expression de la volonté nationale.** Nous leur devons tous respect et obéissance ; si chaque citoyen se mettait à désobéir aux lois qui lui déplaisent, il n'y aurait plus de nation possible, et c'en serait fait de la France.

Carnot (Sadi). — Né à Limoges, le 11 août 1837, fut élu président de la République le 3 décembre 1887, en remplacement de M. Jules Grévy. M. Carnot est petit-fils du grand Carnot de la Révolution.

Mais d'un autre côté, les lois peuvent toujours être *améliorées*; il suffit de nommer des députés et des sénateurs décidés à le faire et capables d'en venir à bout. Chaque citoyen peut travailler à cela : il a la **liberté de penser** ce qu'il lui plaît, la **liberté de parler, d'écrire,** de faire des *réunions*, pour amener les autres à son avis.

6. Le budget de l'État. — Les députés ont le droit de voter le budget les premiers : les sénateurs ne peuvent le voter qu'ensuite. Les citoyens ne doivent pas l'impôt tant qu'il n'a pas été voté par les deux Chambres. On voit par là que le Parlement est toujours le maître suprême ; car s'il

refusait de voter l'impôt, il n'y aurait plus d'argent dans les caisses de l'État, et le Gouvernement serait réduit à néant.

7. LE PRÉSIDENT DE LA RÉPUBLIQUE. — Tous les sept ans, les deux Chambres se réunissent, au palais de Versailles, en Assemblée nationale pour nommer le **Président de la République.**

Le Président de la République est le *chef de l'État :* il représente la France devant les chefs des puissances étrangères ; il présente des projets de loi aux Chambres, il promulgue les lois qu'elles ont votées, et il rend les décrets nécessaires pour en assurer l'exécution ; il commande aux armées de terre et de mer ; il nomme aux emplois civils et militaires. Il exerce tous ces pouvoirs avec l'assistance des **ministres,** qu'il choisit lui-même, mais qui sont obligés de donner leur démission, si les Chambres blâment leurs actes.

8. LE CONSEIL DES MINISTRES. — Les ministres forment un **conseil,** qui est préside tantôt par le Président de la République, tantôt par l'un d'entre eux, que l'on appelle le *président du conseil.* Ce conseil des ministres, ou **cabinet,** gouverne la France, sous le contrôle des deux Chambres.

9. LE DROIT DE DISSOLUTION. — Si le Président de la République est en désaccord grave avec la Chambre des députés, il peut, moyennant une autorisation spéciale du Sénat, la *dissoudre :* dans ce cas, les électeurs sont réunis dans le délai de deux mois.

Si les Chambres se trouvaient dissoutes ou dispersées contrairement à la loi, il y aurait **coup d'État.** Aussitôt, les conseils généraux remplaceraient les Chambres pour défendre la loi menacée : ils se réuniraient d'urgence et délégueraient deux conseillers par département : l'Assemblée de ces délégués prendrait les mesures nécessaires pour maintenir l'ordre, spécialement pour réunir l'Assemblée nationale et lui rendre tous ses droits.

L'auteur du coup d'État serait jugé par le Sénat, qui

s'érigerait en cette occasion en **Haute Cour de Justice.**

ENTRETIENS

L'État — La Constitution

1. Qu'est-ce que l'État ?

L'État, c'est la communauté des citoyens.

2. Qu'est-ce que la Constitution ? Quand a-t-elle été promulguée ?

La Constitution est la loi suprême qui règle l'État. La Constitution a été promulguée en 1875 et a établi en France la République.

3. Comment gouverne le Suffrage universel ?

Le Suffrage universel gouverne par l'intermédiaire des deux Chambres, qui font les lois, et du Président de la République, qui, assisté des ministres, a le pouvoir exécutif.

La Chambre des députés

4. Qu'est-ce que la Chambre des députés ?

La Chambre des députés est une Assemblée composée des représentants de la nation, élus pour quatre ans, par le Suffrage universel direct.

5. Combien y a-t-il de députés ? Le nombre en est-il variable ?

Il y a actuellement 581 députés; mais leur nombre varie suivant le chiffre de la population.

6. Comment connait-on le chiffre de la population ?

On connaît le chiffre de la population, en faisant le dénombrement. Il a lieu tous les cinq ans.

7. Que font les citoyens pour faciliter le dénombrement ?

Pour faciliter le dénombrement, chaque citoyen doit déclarer le nombre de personnes composant sa famille et habitant avec lui, ainsi que le nombre de ses serviteurs. Cette opération se faisant pour chaque département, on détermine ainsi le nombre de députés auquel chaque département a droit.

8. Quel âge faut-il avoir pour être élu député?

Pour être élu député il faut avoir 25 ans au moins.

Le Sénat

9. Quels sont ceux qui votent pour élire les membres du Sénat ?

Ceux qui votent pour nommer les membres du Sénat sont : 1° les délégués des Conseils municipaux ; 2° les Conseillers d'arrondissement ; 3° les Conseillers généraux ; 4° les Députés. Tous ces électeurs ont été, eux-mêmes, nommés par le Suffrage universel.

10. Combien y a-t-il de sénateurs ?

Il y a 300 sénateurs.

11. Combien dure le mandat de sénateur et quel âge faut-il avoir pour être élu?

Les sénateurs sont nommés pour 9 ans. Tous les 3 ans le tiers des départements renouvelle ses sénateurs. Pour être élu sénateur il faut avoir 40 ans au moins.

La Loi

12. Quelle part les députés, les sénateurs et le Président de la République prennent-ils à la confection d'une loi ?

Les lois sont d'abord proposées par le Gouvernement ou par un député ou un sénateur, puis votées par la Chambre et le Sénat et enfin promulguées par le Président de la République.

13. Pourquoi devons-nous respect et obéissance aux lois ?

Nous devons aux lois respect et obéissance parce qu'elles sont l'expression de la volonté nationale.

14. A quelle condition les citoyens doivent-ils l'impôt déterminé par une loi ?

Les citoyens ne doivent l'impôt que lorsqu'il a été voté par les deux Chambres.

Le Président de la République

15. Comment nomme-t-on le Président de la République ?

Pour nommer le Président de la République les

deux Chambres se réunissent en une seule assemblée nationale nommée Congrès, ce qui a lieu tous les sept ans.

16. Quel rôle remplit le Président de la République ?

Le Président de la République est le chef de l'État ; il représente la France, choisit les ministres, propose des lois, les promulgue, nomme aux emplois civils et militaires, commande aux armées de terre et de mer.

Le Conseil des ministres

17. Comment est composé le Conseil des ministres ?

Le Conseil des ministres, ou Cabinet, est composé de tous les ministres, il est présidé tantôt par le Président de la République, tantôt par le président du Conseil.

18. Dans quel cas la Chambre peut-elle être dissoute ?

Si le Président de la République est en grave désaccord avec la Chambre des députés, il peut la dissoudre. Les électeurs sont réunis alors, environ deux mois après, pour nommer d'autres députés.

19. Qu'appelle-t-on coup d'État ? Par qui en est jugé l'auteur ?

On appelle coup d'État la dissolution et la dispersion des Chambres, opérées contrairement à la loi et en ayant recours à la violence. L'auteur d'un coup d'État serait jugé par le Sénat, qui s'érigerait alors en Haute-Cour de justice.

Devoirs d'examen

I. Quelle est la Constitution qui régit actuellement la France ? Indiquez ses principales dispositions.

II. Expliquez à un de vos amis en quoi consiste le pouvoir législatif ; le pouvoir exécutif. Dites-lui ce que c'est que la Chambre des députés et le Sénat, leur rôle dans le gouvernement de la France, la façon dont leurs membres sont élus.

III. Les lois. Comment sont-elles proposées, votées et promulguées ? Qui veille à leur exécution ?

CINQUIÈME LEÇON

Sommaire. — 1. LES MINISTÈRES. — 2. MINISTÈRE DES AFFAIRES ÉTRANGÈRES.

1. LES MINISTÈRES. — Les **Ministres**, sont nommés et révocables par le Président de la République, qui les choisit le plus souvent parmi les membres du Parlement.

Ils sont *solidairement* responsables devant les chambres de la politique du gouvernement, et *individuellement*, de leurs actes personnels.

Ce sont eux qui dirigent l'administration de l'État, et le Président de la République ne peut, dans aucun des services publics, prendre une décision qui ne soit contresignée par le ministre spécialement compétent.

Il y a en France dix ministères, c'est-à-dire autant que de grands services publics : AFFAIRES ÉTRANGÈRES. — GUERRE. — MARINE. — INTÉRIEUR. — INSTRUCTION PUBLIQUE. — JUSTICE. — TRAVAUX PUBLICS. — AGRICULTURE. — COMMERCE ET INDUSTRIE. — FINANCES. — COLONIES[1]. — CULTES. — POSTES ET TÉLÉGRAPHES. — BEAUX-ARTS.

Les ministres ont parfois, pour les seconder, des **sous-secrétaires d'État**, qui sont pris ordinairement parmi les députés.

2. MINISTÈRE DES AFFAIRES ÉTRANGÈRES. — Le **ministère des Affaires étrangères** est chargé des relations de la France avec les autres puissances. Il négocie les *traités de paix*, les *alliances*, les *traités de commerce*. Il exerce son contrôle sur les pays qui sont placés sous le **protectorat** de la France, comme la *Tunisie* et *Madagascar*. Il protège les Français qui habitent à l'étranger et leur fait rendre justice au besoin. En un mot, il maintient les droits et l'honneur de la France en face du monde entier.

---

1. Les Colonies, les Cultes, les Postes et Télégraphes et les Beaux-Arts sont rattachés tantôt à un ministère, tantôt à un autre.

Il a pour l'aider deux sortes d'agents :

1° Des agents politiques ou diplomatiques, à raison de un auprès de chaque puissance : on les nomme *ambassadeurs, ministres plénipotentiaires*, ou *chargés d'affaires*, suivant l'importance de leurs postes. Un ambassadeur est le représentant d'un État auprès d'un autre État. Sa personne et son domicile sont inviolables.

2° Des agents commerciaux, qui sont les *consuls*, dont la fonction spéciale est de protéger notre commerce avec l'étranger et de rendre la justice à nos *nationaux*, c'est-à-dire aux *Français* qui *résident* en dehors de la France. Les consuls font, en outre, fonction d'officiers de l'état civil.

ENTRETIENS

Les ministères

1. Comment sont nommés les ministres ?

Les ministres sont nommés par le Président de la République.

2. Comment ont-ils à répondre de leurs actes?

Ils sont responsables de leurs actes, tantôt solidairement, tantôt individuellement.

3. De quelle façon dirigent-ils l'administration de l'État par rapport au Président de la République ?

Ils dirigent l'administration de l'État et le Président de la République ne peut prendre aucune décision en dehors d'eux.

4. Citez les principaux ministères.

Les ministères sont : les Affaires étrangères, la Guerre, la Marine, l'Intérieur, l'Instruction publique, la Justice, les Travaux publics, l'Agriculture, le Commerce et l'Industrie, les Finances, les Colonies, les Cultes, les Postes et Télégraphes, les Beaux-Arts ;

Ministère des Affaires étrangères

5. Quelles sont les fonctions du ministre des Affaires étrangères?

Le ministère des Affaires étrangères est chargé

des relations de la France avec les autres puissances, s'occupe des pays placés sous notre protectorat et protège les Français à l'étranger.

6. Quels sont les agents qui aident le ministre des Affaires étrangères dans son rôle à l'extérieur ?

Les agents chargés d'aider le ministre des Affaires étrangères sont : 1° des agents diplomatiques, ambassadeurs, ministres plénipotentiaires ou chargés d'affaires ; 2° des agents commerciaux qui sont les consuls.

Devoirs d'examen

Expliquez à l'un de vos parents les fonctions des ministres; donnez-lui les noms des principaux ministères et faites-lui connaître les attributions du ministère des Affaires étrangères.

SIXIÈME LEÇON

Sommaire. — 1. LE MINISTÈRE DE LA GUERRE. — 2. SERVICE MILITAIRE. — 3. L'ORGANISATION DE L'ARMÉE. — 4. LE DRAPEAU. — 5. LA FORCE MILITAIRE DE LA FRANCE.

1. MINISTÈRE DE LA GUERRE. — **Le ministre de la Guerre** est chargé de *recruter* l'armée, de *l'instruire*, de *l'entretenir* et de la faire servir à la **défense du territoire** et des lois.

Le ministère de la Guerre, boulevard Saint-Germain, à Paris.

2. SERVICE MILITAIRE. — Tout Français doit le **service militaire** pendant vingt-cinq ans, de vingt à quarante-cinq ans, à moins qu'il ne soit exempté pour cause d'infirmité ou dispensé comme soutien de famille.

Soldat [d'infanterie de ligne en tenue de campagne.

Il commence par servir dans *l'armée active* pendant trois ans. Il passe ensuite dans la *réserve de l'armée active*, où il reste pendant sept ans; on le rappelle deux fois pendant cette période, pour prendre part à des manœuvres d'une durée de vingt-huit jours, afin de se remettre au courant du métier militaire. Il fait partie de *l'armée territoriale* pendant six ans, et alors on ne le rappelle sous les drapeaux que pour treize jours tous les deux ou trois ans. Enfin il est maintenu dans la *réserve de l'armée territoriale* pendant neuf ans. En temps de guerre toutes ces armées seraient mises sur pied.

La France n'a que 38 millions d'habitants, alors que l'Allemagne en compte 45. Les Allemands ont donc le *nombre* pour eux, il nous faut y suppléer en apprenant tous sans exception le métier de soldat, et en devenant plus disciplinés, meilleurs marcheurs, meilleurs tireurs, meilleurs manœuvriers

Dragon (cavalerie de ligne).

que les Allemands. **Le salut de la France est à ce prix.**

3. L'ORGANISATION DE L'ARMÉE. — L'armée française est divisée en **dix-neuf corps,** dix-huit en France et un en Algérie ; ils sont commandés chacun par un *général de division,* qui a le titre de *commandant de corps d'armée.*

Un **corps d'armée** comprend deux divisions d'infanterie, un bataillon de chasseurs à pied, une brigade de cavalerie, une brigade d'artillerie, un bataillon du génie, un escadron du train des équipages, etc.

Une **division** est formée par la réunion de deux *brigades.*

Dans chaque division, il y a de l'*infanterie,* de la *cavalerie,* de l'*artillerie* et du *génie.*

La **brigade,** commandée par un *général de brigade,*

Artillerie (servant à cheval.)

se compose de *deux régiments;* chaque **régiment** est commandé par un *colonel,* assisté d'un lieutenant-colonel.

Le régiment d'infanterie se divise en **bataillons,** le régiment de cavalerie en **escadrons,** le régiment d'artillerie en **batteries.**

A la tête de chaque bataillon d'infanterie est un commandant ou *chef de bataillon;* dans la cavalerie et l'artillerie, le commandant ou *chef d'escadron* a sous ses ordres deux escadrons de cavalerie ou trois batteries d'artillerie.

Chaque bataillon se subdivise en *quatre compagnies* et chaque escadron en *quatre pelotons;* chaque batterie compte *six canons.*

La **compagnie,** l'escadron et la **batterie** sont commandés par un capitaine, assisté de trois officiers du grade de lieutenant ou de sous-lieutenant et de sous-officiers,

Gendarme en grande tenue.

sergents ou maréchaux des logis, que secondent les caporaux ou brigadiers.

L'armée comprend en outre la **gendarmerie**. Ce corps d'élite sert à la fois au ministre de l'Intérieur, pour assurer le bon ordre et le respect des lois ; au ministre de la Justice, pour arrêter les malfaiteurs ; et au ministre de la Guerre, pour saisir les déserteurs, et, en temps de guerre, les soldats fuyards.

Tout soldat doit l'**obéissance passive** à ses supérieurs en tout ce qui concerne le service ; il leur doit le **respect** en toutes circons-

La brigade du général Lapasset brûle ses drapeaux à Metz, pour ne pas les laisser aux Prussiens.

tances. Les infractions à ces deux devoirs sont punies de châtiments terribles, inscrits dans le *code militaire*, et qui sont appliqués par les **conseils de guerre**. *Sans une discipline inflexible, il n'y a pas d'armée digne de ce nom.*

4. LE DRAPEAU. — Chaque régiment reçoit des mains du Président de la République un **drapeau tricolore** : ce drapeau le suit à la guerre et lui représente l'*image de la Patrie*. Un régiment qui laisse prendre son drapeau par l'ennemi est déshonoré, à moins que ses hommes ne se soient fait hacher

Le **drapeau** représente l'image de la Patrie.

tous pour le défendre. **Bazaine** a livré aux Allemands les drapeaux des régiments enfermés dans Metz : son nom sera maudit des Français durant des siècles.

Quand un régiment s'illustre par un fait de guerre digne de mémoire, son drapeau est **décoré de la Légion d'honneur.**

5. LA FORCE MILITAIRE DE LA FRANCE. — La France possède plus d'un million et demi de soldats suffisamment instruits, avec le nombre nécessaire de fusils et de canons. Elle est en mesure de se faire respecter, si ses soldats savent se montrer à la hauteur de leurs ancêtres : les vainqueurs de *Tolbiac*, de *Bouvines*, d'*Orléans*, de *Rocroy*, de *Denain*, de *Fontenoy*, de *Valmy*, d'*Austerlitz*, d'*Iéna*, et de *Solférino*. Mais l'héroïsme de nos troupes au *Tonkin* et au *Dahomey* peut nous rassurer : le sang français n'a pas dégénéré.

ENTRETIENS

Ministère de la Guerre

1. Quelles sont les fonctions du ministre de la Guerre?

Le ministre de la Guerre est chargé de recruter l'armée, de l'instruire, de l'entretenir.

Service militaire

2. Pendant combien de temps un Français doit-il le service militaire? Dans quels cas est-il exempté ?

Tout Français doit le service militaire pendant vingt-cinq ans. Dans deux cas seulement il peut être exempté de ce service : 1° s'il est infirme, 2° s'il est soutien de famille.

3. Combien de temps sert-il dans chacune des différentes armées?

Dans l'armée active pendant trois ans; dans la réserve de l'armée active, pendant sept ans; dans l'armée territoriale, pendant six ans; dans la réserve de l'armée territoriale pendant neuf ans.

4. La France est-elle aussi peuplée que l'Allemagne?

Notre nation ne compte que 38 millions d'habitants, alors que l'Allemagne en a 45. Nous devons donc suppléer au nombre par notre habileté et notre discipline.

Organisation de l'armée

5. En combien de corps l'armée française est-elle divisée ?

L'armée française est divisée en dix-neuf corps, commandés chacun par un général de division commandant de corps d'armée.

6. Que comprend un corps d'armée ?

Un corps d'armée comprend des soldats de différentes armes : infanterie, cavalerie, artillerie, génie, train des équipages, etc., et forme deux divisions.

7. Qu'est-ce qu'une division? Une brigade?

Une division comprend deux brigades ; la brigade comprend deux régiments, commandés chacun par un colonel.

8. Comment se divisent : un régiment d'infanterie? — de cavalerie? — d'artillerie ?

Un régiment d'infanterie se divise en bataillons ; un régiment de cavalerie en escadrons ; un régiment d'artillerie en batteries.

9. Quel nom porte l'officier placé à la tête d'un bataillon? — d'un escadron ?

A la tête de chaque bataillon se trouve un chef de bataillon ; à la tête de deux escadrons ou de trois batteries se trouve un chef d'escadron.

10. En quoi se divisent un bataillon, un escadron, une batterie?

Chaque bataillon se divise en quatre compagnies, chaque escadron en quatre pelotons, chaque batterie en six canons.

11. Qu'est-ce que la Gendarmerie ?

La Gendarmerie est un corps d'élite qui appartient à l'armée; il sert à la fois les ministères de l'Intérieur, de la Justice et de la Guerre.

12. Quels sont les devoirs d'un soldat ? Qu'arrive-t-il s'il manque à sés devoirs ?

Les devoirs d'un soldat sont l'obéissance passive et le respect. Si un soldat manque à ses devoirs, il est traduit devant un Conseil de guerre.

Le Drapeau

13. Que représente le drapeau ? Tous les régiments en ont-ils un ?

Le drapeau est l'image de la patrie. Chaque régiment a le sien.

14. Dans quel cas décore-t-on un drapeau ?

Parfois quand un régiment s'est illustré par quelque grand fait d'armes ou par un courage héroïque, son drapeau est décoré de la Légion d'honneur.

Force militaire de la France

15. Combien la France possède-t-elle de soldats ?

La France possède un million et demi de soldats armés et équipés, ou pouvant être armés et équipés immédiatement.

Devoirs d'examen

I. Dites ce que vous savez du service militaire.

II. Donnez des détails sur l'organisation de l'armée et dites pourquoi sans discipline il n'y a pas d'armée.

III. Le drapeau est l'image de la patrie, dites pourquoi. Parlez de la force militaire de la France.

SEPTIÈME LEÇON

Sommaire. — 1. MINISTÈRE DE LA MARINE. — 2. EFFECTIF DE LA FLOTTE ET DIVISION MARITIME. — 3. LES COLONIES. — 4. MINISTÈRE DE L'INTÉRIEUR.

1. MINISTÈRE DE LA MARINE. — Le **ministre de la Marine** est chargé de la protection des côtes et de la défense des colonies. Il commande à *l'armée de mer.* Celle-ci se compose de deux sortes de troupes : les *marins, l'infanterie* et *l'artillerie de marine.*

L'infanterie et l'artillerie de marine se recrutent

comme l'armée de terre. Elles font le service des colonies, qui est pénible, mais souvent glorieux.

Les **marins** se recrutent principalement parmi les *inscrits maritimes :* tout homme né sur le littoral de la mer, ou même à l'intérieur, qui s'engage sur un bateau de commerce, doit se faire inscrire à la direction du port auquel appartient son bateau; dès lors, il est à la disposition du ministre de la Marine, de l'âge de dix-huit ans à celui de cinquante ans. On l'appelle d'abord trois ans sur la **flotte de l'État** pour lui apprendre le métier; et plus tard, on le rappelle selon les besoins du service. En revanche, sur ses vieux jours, il touche une petite pension et, après lui, sa veuve est également secourue par l'État.

Ministère de la Marine. — Ce ministère est installé au coin de la rue Royale, sa façade principale regarde la place de la Concorde.

2. EFFECTIF DE LA FLOTTE ET DIVISION MARITIME. — L'**effectif de la flotte** en temps de guerre est d'environ 45 000 hommes, et en 1890, le nombre des navires de guerre était de 380 environ : cuirassés, croiseurs, avisos, canonnières, torpilleurs.

Le **littoral de la France** est divisé en *cinq arrondissements* maritimes, ayant pour chefs-lieux Cherbourg, Brest, Lorient, Roche-

Marin des équipages de la flotte.

fort, Toulon, et commandés chacun par un **préfet maritime**.

Les **officiers de marine** sont employés au commandement des *armées navales*, des *escadres*, des *divisions* et des *navires de guerre*.

Ils sont rangés dans la hiérarchie suivante : aspirant de marine, enseigne de vaisseau, lieutenant de vaisseau, capitaine de frégate, capitaine de vaisseau, contre-amiral, vice-amiral.

Le **corps des mécaniciens** a pris beaucoup d'importance depuis que tous les bâtiments à *voiles* ont été remplacés par des bâtiments à *vapeur*.

Le **génie maritime** dirige les constructions navales.

Enfin, le personnel administratif est constitué par les *commissaires de marine*.

3. LES COLONIES. — Les **Colonies** sont administrées par le sous-secrétaire d'État des Colonies, sous la haute direction du ministère auquel les Colonies sont rattachées. Cependant l'**Algérie**, considérée comme terre française, a à sa tête un *gouverneur général*, qui dépend du ministre de l'Intérieur.

4. MINISTÈRE DE L'INTÉRIEUR. — **Le ministre de l'Intérieur** dirige l'administration des départements et des communes. Il nomme les *préfets* et les *sous-préfets*, les *secrétaires généraux* et les *conseillers de préfecture*; il suspend et révoque les *maires* qui ont manqué à leurs obligations envers l'État; il soumet à l'approbation du Président de la République ou des Chambres les propositions des conseils municipaux, quand elles en ont besoin pour devenir valables. C'est donc lui qui exerce la **tutelle de l'État** vis-à-vis des départements et des communes; aussi ce ministère est-il celui où il se fait le plus de *politique* proprement dite, car c'est par lui que l'État fait sentir sa direction partout.

Le ministre de l'Intérieur a encore dans ses attributions : la **Sûreté générale**, c'est-à-dire la haute police ; les **Prisons** ; l'**Hygiène** ; l'**Assistance publique** avec les *bureaux de bienfaisance* et les *hospices* et *hôpitaux*. Ainsi l'État n'agit pas seulement, dans ce ministère comme gardien sévère des lois : il est aussi le protecteur de la sécurité des citoyens, le soutien des pauvres honnêtes, le refuge des malades et des infirmes.

ENTRETIENS

Ministère de la Marine

1. De quoi s'occupe le ministère de la Marine et sur qui exerce-t-il son commandement?

Le ministère de la Marine est chargé de protéger et de défendre les côtes et les colonies. Il commande aux marins, à l'infanterie et à l'artillerie de marine.

2. Comment se recrute la flotte de l'État? Sur le pied de guerre, quel est le nombre des marins ?

Les marins, recrutés par l'inscription maritime, constituent la flotte. Ils sont au nombre de 45 000 sur le pied de guerre, répartis sur environ 380 navires.

3. Qu'appelle-t-on inscrit maritime? Jusqu'à quel âge l'inscrit est-il à la disposition du ministère de la Marine?

On appelle inscrit maritime, tout homme né sur le littoral de la mer, ou même à l'intérieur qui s'engage sur un bateau de commerce et qui s'est fait inscrire à la direction du port auquel appartient son bateau. Il sert, comme marin, pendant trois ans et est à la disposition du ministre de la Marine, de dix-huit à cinquante ans.

4. Comment est divisé et administré le littoral de la France?

Le littoral de la France est divisé en cinq arrondissements, ayant chacun à leur tête un préfet maritime.

5. Quels sont les différents commandements des officiers de marine?

Les officiers de marine commandent les armées navales, les escadres, les divisions, les navires, selon leurs grades.

6. Quels grands services comporte encore l'administration maritime?

L'administration de la marine comprend encore le personnel des mécaniciens, le génie maritime et le corps du commissariat.

Les Colonies

7. Par qui sont administrées les Colonies ?

Les Colonies sont administrées par un sous-secrétaire d'État, sous la haute direction du ministère auquel elles sont attachées.

Ministère de l'Intérieur

8. Quelles sont les fonctions du ministre de l'Intérieur ? Quelles nominations fait-il ?

Le ministre de l'Intérieur veille au bon ordre administratif, à la sûreté du pays. Il nomme les préfets, les sous-préfets, les secrétaires généraux et les conseillers de préfecture.

9. Quel est le rôle du ministre de l'Intérieur vis-à-vis des maires et des conseils municipaux?

Le ministre de l'Intérieur peut suspendre ou révoquer les maires, et il soumet à l'approbation des Chambres certaines propositions des Conseils municipaux.

10. Quels sont les services qui dépendent du ministère de l'Intérieur?

Le ministère de l'Intérieur a sous sa haute dépendance la Sûreté générale ou haute police, les Prisons, l'Hygiène et l'Assistance publique.

Devoirs d'examen

I. Parlez de l'armée de mer, de son recrutement; de l'inscription maritime.

II. Qu'est-ce que la flotte de l'État? Comment est-elle composée? Donnez la hiérarchie des grades des officiers de marine.

III. Expliquez pourquoi le ministère de l'Intérieur est le protecteur de la sécurité des citoyens, le soutien des pauvres honnêtes, le refuge des malades et des infirmes.

HUITIÈME LEÇON

Sommaire. — 1. MINISTÈRE DE L'INSTRUCTION PUBLIQUE, DES BEAUX-ARTS ET DES CULTES. — 2. ENSEIGNEMENT PRIMAIRE. — 3. ENSEIGNEMENT SECONDAIRE. — 4. ENSEIGNEMENT SUPÉRIEUR. — 5. ENSEIGNEMENT SECONDAIRE DES JEUNES FILLES. — 6. ÉCOLES DU GOUVERNEMENT. — 7. BOURSES. — 8. ADMINISTRATION DES BEAUX-ARTS. — 9. ADMINISTRATION DES CULTES.

1. MINISTÈRE DE L'INSTRUCTION PUBLIQUE. — Le ministère de l'Instruction publique *veille à ce que tous les Français reçoivent l'instruction, sans laquelle on ne peut être ni un citoyen utile ni une mère de famille éclairée et capable : c'est là* l'instruction primaire. *Il offre aussi aux plus intelligents une instruction plus élevée qu'on appelle* l'enseignement secondaire et l'enseignement supérieur.

Tout élève avant de sortir de l'école devrait se présenter aux examens du **certificat d'études.**

2. ENSEIGNEMENT PRIMAIRE. — Tout Français est obligé d'aller à l'école, *de six à treize ans,* pour y apprendre la lecture, l'écriture, le calcul, les éléments de l'histoire de France, de la géographie, des sciences physiques et naturelles, du droit usuel et de l'économie politique, et pour y recevoir l'instruction morale et civique.

Les **délégués cantonaux** sont généralement des pères de famille choisis par le Gouvernement pour veiller à ce que tous les enfants reçoivent l'instruction primaire.

Tout élève avant de sortir de l'école peut se présenter à l'examen du *certificat d'études pri-*

Examen du **doctorat ès sciences**.

maires et recevoir un diplôme attestant qu'il a convenablement satisfait à cet examen.

L'instruction étant **obligatoire**, il a fallu la mettre à la portée de tous : chaque commune a donc été astreinte à se procurer une *maison d'école* au moins, avec l'aide de l'État qui fait la plus grande partie des frais dans les communes pauvres. Il y a aussi une école dans les hameaux qui sont à plus de trois kilomètres du chef-lieu de la commune. Il y a 80 000 écoles primaires en France : la République en moins de 8 ans en a bâti ou refait à neuf plus de 30 000. C'est grâce à elle que tous les enfants ont des écoles à leur disposition.

L'enseignement primaire est **gratuit** : de cette façon, sur les bancs de l'école il n'y a ni pauvres ni riches; *les enfants sont tous égaux dans la maison d'école.* La plupart des communes ont deux écoles, une pour les filles et une pour les garçons. Beaucoup ont, en outre, une *école maternelle*, qui reçoit les enfants de trois à six ans. Enfin un nombre de plus en plus grand de communes entretiennent un *cours complémentaire d'enseignement primaire supérieur* ou une **école primaire supérieure** pour donner aux élèves les plus intelligents une instruction plus élevée, qui leur permet souvent d'arriver à des positions meilleures, mais qui a surtout pour objet de leur ouvrir l'esprit et de leur inspirer *le goût désintéresse du savoir.*

La Sorbonne. — C'est à la Sorbonne que se trouvent les facultés des Sciences, des Lettres et de Théologie; l'École des Hautes études, etc. Le vice-recteur de l'académie de Paris habite la Sorbonne.

L'enseignement primaire est donné par les **instituteurs** et les **institutrices**, qui sont formés dans les écoles normales et nommés par les préfets.

3. ENSEIGNEMENT SECONDAIRE. — **L'enseignement secondaire classique** a pour but de former les jeunes gens qui doivent pousser leurs études au delà du strict nécessaire, il dure jusqu'à l'âge de 18 ans environ et se termine par un examen appelé **baccalauréat.** Pour passer cet examen et obtenir le baccalauréat, il faut connaître à fond bien plus que le programme de l'enseignement primaire et, en outre, deux langues anciennes (latin et grec), une langue vivante (allemand, anglais, italien ou espagnol), l'histoire de tous les temps, la géométrie, l'algèbre, les éléments de la philosophie, etc. On peut toutefois, en suivant les cours de **l'enseignement secondaire mo-**

derne, remplacer l'étude des langues anciennes par celle de deux langues vivantes à la fois. L'enseignement secondaire est donné dans une centaine de **lycées** et environ deux cent cinquante **collèges,** par les professeurs de l'État munis de diplômes élevés qu'on appelle *licence, agrégation, doctorat.*

4. ENSEIGNEMENT SUPÉRIEUR. — **L'enseignement supérieur** se donne dans les *facultés* par des professeurs qui ont tous le grade de *docteur*. Il y a diverses catégories de facultés : *facultés* des *Lettres*, des *Sciences*, de *Droit*, de *Médecine* et de *Théologie*. Elles ont pour but de fournir des *professeurs*, des *avocats*, des *médecins;* mais surtout elles travaillent à recruter des *savants,* qui, dans les laboratoires, dans les bibliothèques, dans les hôpitaux, feront avancer la science, pour le plus grand profit de l'humanité et la plus grande gloire de la France.

Ce sont les professeurs de facultés qui décernent après examen les *diplômes universitaires* de bachelier, licencié, agrégé et docteur.

5. ENSEIGNEMENT SECONDAIRE DES JEUNES FILLES. — Jusqu'à ces dernières années, l'État ne s'était pas occupé de donner aux jeunes filles une instruction plus élevée que l'enseignement primaire. Cependant elles sont en général aussi intelligentes que les garçons, et d'ailleurs, il est très nécessaire, pour qu'un jour, devenues mères de famille elles dirigent les études de leurs enfants, qu'elles aient des notions de tout. La République, dans cette pensée, a créé des **lycées et des collèges de jeunes filles,** et, avant peu d'années, l'enseignement secondaire des jeunes filles sera l'égal en son genre de celui des garçons.

Les trois enseignements, *primaire, secondaire* et *supérieur*, constituent l'**Université de France.**

Sous le rapport de l'instruction publique, la France est divisée en **seize académies;** chacune d'elles est administrée par un *recteur*, assisté d'un *Conseil acadé-mique*, comme le ministre lui-même l'est par le *Conseil supérieur de l'instruction publique*.

6. ÉCOLES DU GOUVERNEMENT. — En outre, le Gouvernement entretient des écoles spéciales : ainsi l'**École normale supérieure**, qui forme des professeurs pour les lycées et les facultés; l'**École polytechnique**, qui, complétée par l'**École des ponts et chaussées**, l'**École des Mines** et l'**École d'application de l'artillerie et du génie de Fontainebleau**, forme des ingénieurs civils et militaires et des officiers d'artillerie, l'**École navale** qui forme les officiers de marine; l'**École forestière**, qui forme les conservateurs, inspecteurs et gardes généraux des Eaux et Forêts chargés de veiller à l'exploitation des bois de l'État et des communes, au reboisement des montagnes dénudées, etc., etc., l'**École militaire de Saint-Cyr**, qui forme les officiers de l'infanterie et de la cavalerie, etc.

Élève de l'École polytechnique. — C'est à la suite d'un concours très difficile qu'on est admis à l'école. La durée des études est de trois ans.

7. BOURSES. — Les enfants laborieux et intelligents dont les parents ont peu de ressources, peuvent obtenir de l'État, après concours une **bourse**, c'est-à-dire une *place gratuite* dans une école primaire supérieure, dans une école professionnelle, ou bien encore dans un collège ou un lycée et plus tard dans une faculté ou une école supérieure. Il existe ainsi plus de 25 000 jeunes gens dont l'instruction et l'entretien sont aux frais de l'État. Bien entendu, si leur travail et leur conduite cessaient d'être exemplaires, ils seraient privés de leur

bourse. Aussi la plupart sont-ils des élèves excellents et deviennent plus tard des hommes distingués, soit comme professeurs, ingénieurs, officiers, fonctionnaires, soit comme contremaîtres, chefs de commerce ou d'industrie. Ainsi tous les talents naissants sont mis au jour et cultivés, de façon à profiter à la France.

Il existe, pour les jeunes filles aussi bien que pour les garçons, des bourses d'enseignement primaire supérieur et d'enseignement secondaire.

8. ADMINISTRATION DES BEAUX-ARTS. — Cette administration est chargée du soin de conserver nos *musées*,

Élèves de l'École militaire de Saint-Cyr. — Les élèves se recrutent au concours ils sont destinés ou à l'infanterie ou à la cavalerie.

nos *monuments;* elle **encourage les artistes,** en achetant les sculptures et les tableaux qui le méritent et en subventionnant certains *théâtres.* **L'École des Beaux-Arts** qui forme des architectes, des peintres, des sculpteurs, des graveurs; **le Conservatoire de musique et de déclamation,** qui forme des musiciens et des acteurs, dépendent du ministère des Beaux-Arts.

9. ADMINISTRATION DES CULTES. — Le ministre des Cultes a sous son contrôle les divers cultes subventionnés par l'État : catholique, protestant, israélite et musulman; ce dernier toutefois n'est subventionné qu'en Algérie. L'administration des Cultes est rattachée tantôt au ministère de l'Instruction publique, tantôt au ministère de la Justice.

ENTRETIENS

Ministère de l'Instruction publique

1. Quelle est la mission du ministère de l'Instruction publique ?

Le ministère de l'Instruction publique a pour mission de faire donner au moins l'instruction primaire à tous les citoyens.

2. Combien y a-t-il d'ordres d'enseignement ?

Il y a trois ordres d'enseignement : 1° l'enseignement primaire, élémentaire et supérieur ; 2° l'enseignement secondaire et 3° l'enseignement supérieur.

Enseignement primaire

3. Qu'entend-on quand on dit que l'instruction primaire est obligatoire ?

L'instruction primaire est obligatoire, c'est-à-dire que tout enfant est obligé d'aller à l'école, depuis l'âge de six ans jusqu'à treize ans.

4. Qu'appelle-t-on délégués cantonaux ?

Les délégués cantonaux sont des pères de famille qui ont pour mission de veiller à ce que tous les enfants reçoivent l'instruction primaire.

5. A qui est accordé le certificat d'études primaires ?

Le certificat d'études primaires est accordé aux bons élèves qui, ayant été appliqués et assidus pendant plusieurs années, ont subi avec succès les épreuves d'un examen.

6. Pourquoi toute commune doit-elle avoir une école ?

Toute commune a une école, parce que l'instruction primaire est obligatoire et nul ne doit pouvoir s'excuser de son ignorance en disant qu'on ne lui a pas donné les moyens de s'instruire.

7. Combien le gouvernement de la République a-t-il donné d'écoles à la France et combien en avons-nous en tout ?

Le Gouvernement de la République a donné à la France plus de 30 000 écoles, en huit ans. Il y en a au total 80 000.

8. L'enseignement primaire est-il gratuit ?

L'enseignement primaire est entièrement gratuit, ce qui rend tous les écoliers vraiment égaux et vraiment frères.

9. A qui sont destinées les écoles maternelles ?

Les écoles maternelles sont fondées pour les petits enfants de trois à sept ans.

10. Quel est le but des écoles primaires supérieures ?

Les écoles primaires supérieures donnent un enseignement plus complet que celui des écoles élémentaires; elles ont pour objet de donner aux élèves le goût désintéressé du savoir.

11. Par qui est donné l'enseignement primaire élémentaire et primaire supérieur ?

L'enseignement primaire élémentaire et primaire supérieur est donné par les instituteurs et les institutrices.

Enseignement secondaire

12. Quel genre d'instruction donne l'enseignement secondaire classique ?

L'enseignement secondaire classique procure une instruction très étendue et qui n'est pas indispensable à tous. Il se distingue surtout de l'enseignement primaire supérieur en ce qu'il fait connaître les éléments du latin, du grec, de la philosophie, de l'histoire universelle, des sciences, etc.

13. Comment l'enseignement secondaire moderne se distingue-t-il de l'enseignement secondaire classique ?

L'enseignement secondaire moderne se distingue surtout de l'enseignement secondaire classique en ce qu'il remplace l'étude des langues anciennes par la connaissance plus approfondie des langues modernes : anglais, allemand, etc., etc.

14. Où sont donnés l'enseignement secondaire classique et l'enseignement secondaire moderne?

L'enseignement secondaire classique et l'enseignement secondaire moderne sont donnés dans les lycées et collèges.

15. Quels sont les diplômes qu'ont les élèves et les maîtres de l'enseignement secondaire ?

Les élèves qui ont achevé leurs études dans les lycées et collèges peuvent se présenter à un examen appelé baccalauréat. Les professeurs qui enseignent dans les lycées et collèges ont des diplômes élevés qu'on nomme licence, agrégation, doctorat.

Enseignement supérieur

16. Où et par qui est donné l'enseignement supérieur ?

L'enseignement supérieur est donné dans les facultés par des professeurs ayant tous le grade de docteur.

17. Combien y a-t-il de catégories de facultés ? Quel est leur but ?

Il y a cinq catégories de facultés qui sont : les facultés des Lettres, des Sciences, de Droit, de Médecine et de Théologie. Elles ont pour but de former des savants de tout ordre, des professeurs, des avocats, des médecins etc.

Enseignement secondaire des jeunes filles

18. Où est donné l'enseignement secondaire des jeunes filles ?

L'enseignement secondaire des jeunes filles est donné dans les lycées et collèges fondés pour elles depuis plusieurs années et où elles sont instruites par des dames professeurs munies de diplômes spéciaux et quelquefois par des professeurs des lycées de garçons.

19. Qu'appelle-t-on Université ?

On appelle Université l'ensemble des trois enseignements primaire, secondaire et supérieur.

20. Combien avons-nous d'académies ? Par qui sont-elles administrées ? Par qui le ministre est-il assisté ?

Sous le rapport de l'instruction, la France est divisée en seize académies, administrées chacune par un recteur. Le Ministre est assisté du Conseil supérieur de l'instruction publique.

Écoles du Gouvernement

21. A quoi servent les écoles spéciales ? Citez les principales.

Les écoles spéciales entretenues par le Gouvernement, sont celles où l'on prépare les jeunes gens à des carrières diverses. Les principales sont l'École Normale supérieure, qui forme des professeurs, l'École Polytechnique, qui forme des ingénieurs, des officiers d'artillerie, du génie, l'École de Saint-Cyr, qui forme des officiers d'infanterie et de cavalerie, etc., etc...

22. Dans quel cas l'État donne-t-il l'instruction secondaire ou supérieure gratuite ? Qu'est-ce qu'une bourse ?

L'État donne à certains jeunes gens l'instruction supérieure gratuite lorsque ceux-ci sont des élèves laborieux et intelligents, mais qui, faute de ressources, devraient renoncer à poursuivre leurs études. Ils passent alors un concours et ceux qui sont admis reçoivent une bourse, c'est-à-dire une place gratuite dans une école, un lycée, une faculté, une école spéciale.

Beaux-arts et Cultes

23. De quels soins est chargée l'administration des Beaux-Arts ?

L'administration des Beaux-Arts est chargée du soin de conserver et d'enrichir les collections d'œuvres de peinture, de sculpture, de dessin en tout genre contenues dans les musées nationaux. Elle veille à l'entretien des monuments, subventionne certains théâtres et encourage les artistes. L'école des Beaux-Arts et le Conservatoire de musique et de déclamation dépendent du ministère des Beaux-Arts.

24. Quel est le rôle du ministre des Cultes ?

Le ministre des Cultes exerce son contrôle et son autorité sur les cultes subventionnés par l'État. Ce sont les cultes catholique, protestant, israélite et musulman.

Devoirs d'examen

I. Dites quel est le rôle du ministère de l'Instruction publique et ce que vous savez de l'organisation de l'enseignement primaire.

II. Expliquez l'organisation et le but de l'enseignement secondaire, classique et moderne; de l'enseignement supérieur et de l'enseignement secondaire des jeunes filles.

III. Énumérez les grandes écoles du gouvernement et dites ce que vous savez des bourses de l'État.

IV. Parlez de l'administration des Beaux-arts et de l'administration des Cultes.

NEUVIÈME LEÇON

Sommaire. — 1. MINISTÈRE DE LA JUSTICE. — 2. LES TRIBUNAUX. — 3. LES COURS D'APPEL. — 4. LA COUR DE CASSATION. — 5. L'INDÉPENDANCE DES JUGES. — 6. LE JURY. — 7. LE CONSEIL D'ÉTAT.

1. MINISTÈRE DE LA JUSTICE. — Le **ministre de la Justice**, qu'on appelle encore *Garde des Sceaux*, veille à ce que la justice soit partout rendue.

2. LES TRIBUNAUX. — Les tribunaux sont chargés de rendre la justice. Il y en a de trois sortes :

1° Les **tribunaux criminels** chargés de juger les *contraventions* aux lois, qui regardent les tribunaux de simple police ou juges de paix ; les *délits* qui sont jugés par les tribunaux correctionnels qui sont les tribunaux de première instance et les *crimes*, qui appartiennent à la Cour d'assises ;

2° Les **tribunaux civils** qui jugent les *contestations entre particuliers* ; c'est d'abord le juge de paix du canton, qui a pour mission d'arranger les choses à l'amiable et d'empêcher des procès toujours longs et coûteux ; puis le tribunal de première instance ;

3° Les **tribunaux de commerce,** qui jugent les difficultés survenues entre commerçants ;

Les **tribunaux correctionnels** jugent les délits comme les coups et blessures, les vols, les escroqueries, etc.

3. Les cours d'appel. — Celui qui est mécontent d'un jugement porté dans une affaire le concernant, peut le faire juger à nouveau par un tribunal supérieur, qu'on nomme la **Cour d'appel** : il y a en France 26 Cours d'appel. Toutefois on ne peut pas *appeler* des arrêts de la Cour d'assises.

La **Cour de cassation** maintient les tribunaux dans la plus scrupuleuse observation de la loi.

4. La cour de cassation. — Enfin on peut encore

déférer un jugement à la **Cour de cassation**, qui est chargée de maintenir les tribunaux dans une scrupuleuse observation de la loi.

5. L'INDÉPENDANCE DES JUGES. — **Les juges, pour être impartiaux, doivent être indépendants de tout le monde.** Aussi le ministre de la Justice n'a pas le droit de les révoquer ni de les frapper; ils sont *inamovibles*. Ils ne peuvent être punis, s'ils font une faute, que par la Cour de cassation, c'est-à-dire par des magistrats tout à fait indépendants. Quand le ministre de la Justice croit qu'il y a lieu de poursuivre une personne, il s'adresse à des

Procureur de la République.

magistrats spéciaux, qu'il nomme et révoque à sa volonté : *procureurs généraux, procureurs de la République* et *substituts*, qui font juger l'accusé, et qui plaident contre lui au nom de la loi. Mais après cela les juges prononcent l'arrêt qu'ils croient devoir prononcer : ils n'en doivent compte qu'à leur conscience.

Les juges forment ce qu'on appelle la *magistrature assise;* les procureurs, la magistrature *debout*, le *parquet*, ou encore le *Ministère public*.

6. LE JURY. — Le tribunal chargé de juger les crimes: la **Cour d'assises**, qui peut prononcer des peines allant jusqu'aux travaux forcés à perpétuité et à la mort, n'est pas composée seulement de magistrats. Elle comprend d'abord un **jury**, composé de 12 citoyens tirés au sort sur une liste de gens de bonne réputation : le jury est chargé de dire si l'accusé èst coupable ou non du crime qui lui est imputé. Les trois juges viennent ensuite et appliquent la loi, s'il y a lieu. Ainsi,

en Cour d'assises, on est jugé par de simples citoyens : c'est ce qu'on appelle *être jugé par ses pairs.*

7. LE CONSEIL D'ÉTAT. — Le **Conseil d'État** statue en dernier ressort sur les recours en matière contentieuse administrative, et donne son avis sur les projets de loi, de décrets ou de règlements d'administration publique.

ENTRETIENS

Ministère de la Justice

1. Quelle est la fonction du ministre de la Justice ? Quel nom lui donne-t-on aussi ?

Le ministre de la Justice veille à ce que la justice soit partout rendue. On l'appelle aussi Garde des Sceaux.

Tribunaux

2. Combien y a-t-il de sortes de tribunaux ?

Il y a trois sortes de tribunaux : les tribunaux criminels, les tribunaux civils et les tribunaux de commerce.

3. Combien y a-t-il de sortes de tribunaux criminels ? Quelles sont les attributions de chacun ?

Les tribunaux criminels sont de trois sortes : le tribunal de simple police, qui juge les contraventions ; le tribunal correctionnel, qui juge les délits ; la Cour d'assises, qui juge les crimes.

4. Que jugent les tribunaux civils et les tribunaux de commerce ?

Les tribunaux civils jugent les contestations entre particuliers, et les tribunaux de commerce jugent celles entre commerçants.

Les Cours d'appel

5. Quel est le rôle de la Cour d'appel ?

La Cour d'appel est un tribunal supérieur qui juge une seconde fois les causes lorsque l'une des deux parties est mécontente du jugement en première instance.

6. Combien y a-t-il en France de Cours d'appel ?

Il y a en France 26 Cours d'appel.

La Cour de cassation

7. De quoi la Cour de cassation est-elle chargée?

La Cour de cassation est chargée de maintenir les tribunaux dans une stricte observation de la loi.

Les Juges

8. Par quel moyen a-t-on rendu les juges indépendants et pourquoi faut-il qu'ils le soient ?

On a assuré l'indépendance des juges en les rendant inamovibles, ce qui leur permet de juger les causes avec plus d'équité puisqu'ils n'ont jamais à craindre d'être révoqués.

9. Quels sont les magistrats chargés de découvrir les coupables et de les livrer à la justice ? Par qui sont-ils nommés?

Ceux qui sont chargés de découvrir les coupables et de les livrer à la justice sont les procureurs généraux, procureurs de la République et substituts, nommés et révocables par le ministre de la Justice.

10. Qu'est-ce que forment les juges? Les procureurs?

Les juges forment la magistrature assise ; les procureurs forment le parquet.

Le Jury

11. Qu'est-ce que le Jury? Quelle est sa mission?

Le Jury est formé de douze honnêtes citoyens dont les noms sont tirés au sort. Ils doivent déclarer, devant la Cour d'assises, si les accusés qui comparaissent devant eux sont coupables ou non.

12. Les peines que prononce la Cour d'assises sont-elles graves?

La Cour d'assises peut prononcer des peines allant jusqu'aux travaux forcés et à la mort.

13. Qui est-ce qui juge, en Cour d'assises ?

En Cour d'assises, c'est le jury qui juge et ce sont les juges qui appliquent la loi.

Le Conseil d'État

14. Qu'est-ce que le Conseil d'État.

Le Conseil d'État est le plus haut tribunal administratif de notre pays. Il aide le gouvernement dans la tâche d'élaborer la législation.

Devoirs d'examen

Expliquez à une personne qui l'ignore, l'organisation de la justice en France ; les tribunaux, les cours d'appel, la Cour de cassation, les magistrats du parquet, le jury.

DIXIÈME LEÇON

Sommaire. — 1. MINISTÈRE DES TRAVAUX PUBLICS. — 2. MINISTÈRE DE L'AGRICULTURE. — 3. MINISTÈRE DU COMMERCE ET DE L'INDUSTRIE. — 4. ADMINISTRATION DES POSTES ET TÉLÉGRAPHES.

1. MINISTÈRE DES TRAVAUX PUBLICS. — **Le ministère des Travaux publics** construit et entretient les *voies de communication* : routes nationales, ponts, canaux, chemins de fer ; il dirige les travaux de construction des ports, il surveille l'exploitation des mines et des voies ferrées.

Dans chaque département, il y a un **ingénieur des Ponts et Chaussées**,

Les ingénieurs des Ponts et Chaussées sont chargés de la préparation et de l'exécution des travaux.

chargé des voies de communication ; il a sous ses ordres des **conducteurs** des Ponts et Chaussées et des **agents voyers** ; ces derniers sont spécialement affectés aux routes départementales et aux chemins vicinaux.

2. MINISTÈRE DE L'AGRICULTURE. — Ce ministère comprend d'abord l'administration de l'**Agriculture** pro-

prement dite, qui organise les *concours régionaux*, récompense les cultivateurs et éleveurs qui ont fait faire des progrès à leur art, et répand les découvertes scientifiques utiles par le moyen de l'*Institut agronomique*, et des *écoles d'agriculture*. Puis vient l'administration des **Forêts**, qui, par ses *conservateurs, inspecteurs, gardes généraux* et *gardes forestiers*, veille à l'exploitation des bois de l'État et des communes, reboise les montagnes dénudées. La direction des **haras**, qui surveille et encourage l'élevage des chevaux, etc.

Chaque commune importante a un **bureau de postes et télégraphes.**

3. MINISTÈRE DU COMMERCE ET DE L'INDUSTRIE. — Le **ministère du Commerce et de l'Industrie** est chargé des intérêts commerciaux et industriels; il organise les *expositions* nationales et internationales, il crée et dirige les *écoles d'apprentissage* et les *écoles d'études commerciales*, destinées à fournir des contremaîtres et des commis intelligents à nos manufacturiers et à nos négociants, etc. Il communique avec les **Chambres de commerce** formées dans chaque département par les négociants les plus recommandables, et qui lui exposent les vœux et les besoins de leur région.

4. ADMINISTRATION DES POSTES ET TÉLÉGRAPHES. — L'**administration des Postes et Télégraphes**, à la tête de laquelle est placé un Directeur général, dépend

du ministère du Commerce et de l'Industrie. Ce service établit et entretient les communications postales, télégraphiques et téléphoniques. A cet effet, dans chaque département, il y a un **directeur des Postes et Télégraphes**; dans chaque commune importante, il y a un bureau, avec un **receveur** ou une **receveuse**, autour de ce bureau rayonnent des **facteurs** qui vont porter les lettres et les dépêches à domicile, et qui recueillent les lettres dans les boîtes. La même administration entretient des *services de bateaux* et des *câbles télégraphiques* pour communiquer avec les pays d'outre-mer.

C'est aussi à l'administration des postes qu'est confiée la gestion de la *Caisse nationale d'épargne*.

ENTRETIENS

Ministère des Travaux publics

1. Quelles sont les fonctions du ministère des Travaux Publics?

Le ministère des Travaux publics fait construire et entretenir les voies de communication. Il nomme les ingénieurs chargés dans les départements d'assurer ce service.

2. Quels sont les fonctionnaires que les ingénieurs ont sous leurs ordres ? Quelle est la fonction des agents voyers ?

Les ingénieurs des Ponts et Chaussées ont sous leurs ordres des conducteurs des Ponts et Chaussées. Les agents voyers ont pour fonction d'entretenir les routes départementales et les chemins vicinaux.

Ministère de l'Agriculture

3. Que fait le ministère de l'Agriculture ?

Le ministère de l'Agriculture protège et favorise les travaux agricoles et les agriculteurs.

4. Quelle est la principale institution due au ministère de l'Agriculture ?

La principale institution due au ministère de

l'Agriculture est celle des Concours régionaux,
où les cultivateurs et les éleveurs de bétail
exposent leurs plus beaux produits. Des récom-
penses sont décernées aux plus méritants.

5. Comment se répandent les bonnes connaissances agricoles ?

Les bonnes connaissances agricoles se répandent
par l'office de l'Institut agronomique où sont
faits des cours sur la science agricole; et par les
écoles d'agriculture fondées dans les départements.

6. Quel est le rôle de l'administration des Eaux et Forêts ? De
l'administration des haras ?

L'administration des Eaux et Forêts veille, comme
son nom l'indique, sur les étangs, les forêts, les
bois qui sont la propriété de l'État; celle des
haras, veille sur le perfectionnement de la race
chevaline.

Ministère du Commerce et de l'Industrie

7. De quoi s'occupe le ministre du Commerce et de l'Industrie ?

Le ministre du Commerce et de l'Industrie s'occupe des intérêts du Commerce et de l'Industrie.
Il organise les Expositions, crée des écoles pro-
fessionnelles, commerciales ou d'apprentissage.

8. Qu'appelle-t-on Chambres de commerce ?

Les Chambres de commerce sont des réunions de
commerçants notables qui étudient les questions commerciales propres à la région où ils
habitent et qui communiquent leurs observa-
tions au ministre du Commerce et de l'Industrie. Il y a une Chambre de commerce dans
toutes les grandes villes.

Administration des Postes et Télégraphes

9. Quelles sont les fonctions de l'administration des Postes et Télégraphes?

L'administration des Postes et Télégraphes s'occupe d'assurer les communications entre toutes les villes, tous les villages et hameaux de la France et de l'étranger.

10. Toutes les villes ont-elles un bureau de postes et télégraphes ?

Toutes les villes et les communes de quelque importance ont un bureau de postes et télégraphes, à la tête duquel est placé un receveur ou une receveuse.

11. Par qui est fait le service des postes à domicile ?

Le service à domicile des lettres et des dépêches télégraphiques est fait par des facteurs.

12. Qui dirige ce service dans chaque département?

Dans chaque département, il y a un directeur des Postes et Télégraphes qui dirige et commande le service de ce département.

13. De qui dépend le service postal par bateaux et câbles sous-marins ?

Les communications postales par bateaux et câbles sous-marins sont organisées par l'administration des Postes et Télégraphes.

14. Par qui est gérée la Caisse nationale d'Épargne?

La Caisse nationale d'Épargne est aussi gérée par l'administration des Postes.

Devoirs d'examen

I. Dites quelles sont les attributions du ministère des Travaux publics.

II. Parlez du ministère de l'Agriculture, de son rôle et des services qui en dépendent.

III. Expliquez l'utilité du ministère du Commerce et de l'Industrie et de l'administration des Postes et Télégraphes.

ONZIÈME LEÇON

Sommaire. — 1. MINISTÈRE DES FINANCES. — 2. LES IMPOTS. — 3. LE CONTROLE DES FINANCES. — 4. LE DEVOIR DE PAYER L'IMPOT.

1. MINISTÈRE DES FINANCES. — Le ministère des Fi-

nances tient les **comptes de la France.** C'est lui qui dresse le budget et qui le présente aux Chambres. Il est chargé de faire rentrer les impôts. Il a mission enfin de veiller à ce que l'État puisse toujours faire face à ses engagements, et ait toujours à point nommé, en chaque lieu du territoire où il le faut, l'argent nécessaire pour payer chacun de ses créanciers, fonctionnaires, rentiers, entrepreneurs, etc., dès qu'ils se présentent au guichet des caisses publiques.

Les Inspecteurs des Finances, sont chargés de vérifier les comptes des agents des Finances.

Le budget de l'État est voté chaque année par les Chambres, au plus tard dans les derniers jours de décembre, sur le rapport d'une commission spéciale, dite du budget, chargée d'examiner les propositions de recettes et de dépenses des différents ministères.

Ce vote annuel des Chambres porte le nom de *loi de finances.*

2. LES IMPOTS. — Les **ressources de l'État** sont de trois sortes [1] :

1° Les **revenus et bénéfices** que l'État tire de son domaine, par exemple de ses forêts, et des industries qu'il exerce; le transport des lettres et dépêches; la fabrication et la vente du tabac, de la poudre, etc.

2° Les **contributions directes** qui sont au nombre de **quatre** : la *contribution foncière,* que

---

1. Voir *Notions de Droit usuel, de Droit commercial et d'Économie politique,* par REVERDY et BURDEAU, p. 78-80.

payent les propriétaires de terres ou d'immeubles en général; la *patente* que payent les commerçants; la *taxe des portes et fenêtres*, qui est prélevée sur les propriétaires des maisons d'habitation; la *cote personnelle et mobilière*, que chacun acquitte en proportion de son loyer.

La **cote foncière**, qui est de cent soixante-dix millions environ, est répartie par les Chambres entre les départements; dans chaque département, le Conseil général la répartit entre les cantons; dans chaque canton, le Conseil d'arrondissement la répartit à son tour entre les communes; dans chaque commune enfin, il y a des citoyens choisis exprès pour faire la répartition entre tous les propriétaires d'après l'étendue et la valeur de leurs biens.

Les fraudeurs et les **contrebandiers,** en privant le Trésor des droits de douane, volent leurs concitoyens.

Les trois autres contributions directes sont réparties d'une façon analogue.

Chaque contribuable est averti, dès les premières semaines de l'année, de la somme pour laquelle il est taxé, par l'envoi d'un *bordereau.*

Les contributions directes doivent être acquittées, *chaque mois*, chez le **percepteur**, qui est généralement au chef-lieu de canton.

3° Les **contributions indirectes** se partagent en deux espèces : les unes sont des *impôts sur les capi-*

taux, ainsi les droits *d'enregistrement* et de *timbre*, qu'on paye chaque fois qu'on vend une propriété, ou qu'on l'hypothèque, ou qu'on hérite; ainsi encore le droit de 3 0/0 sur le *revenu des valeurs* mobilières (obligations de chemins de fer, actions, etc.).

Les autres sont des *impôts de consommation :* on les paye sans s'en apercevoir, en achetant de la viande, du sucre, du pain même, et de mille autres façons. Ces impôts fournissent la moitié environ des revenus de l'État, à peu près un milliard et demi.

Les revenus de l'État sont recueillis, dans chaque département, par un **trésorier payeur général**, qui est chargé de s'en servir aussitôt pour payer les créanciers de l'État.

3. LE CONTROLE DES FINANCES. — Les comptes des agents des finances sont contrôlés de temps en temps par des **inspecteurs**. Ils sont aussi vérifiés chaque année, à Paris, par la **Cour des Comptes**.

4. LE DEVOIR DE PAYER L'IMPOT. — Quoique les impôts forment une somme énorme, plus de *trois milliards* par an, les contribuables les acquittent très régulièrement, ils sont même généralement *en avance* pour les contributions directes. D'un autre côté, le contrôle des recettes et des dépenses est si bien organisé, qu'il est presque impossible de dérober un sou des deniers de 'État.

Ceux qui essayent de se soustraire aux impôts sont appelés **fraudeurs**; ainsi ceux qui font la *contrebande* en grand ou en petit, en faisant passer des ballots de tabac sans les déclarer à la douane, ou en faisant passer une livre de beurre sans la déclarer à l'octroi, **volent tout le monde :** car, comme il faut bien que l'État se procure toujours ses trois milliards d'impôts, ce que l'un ne paye pas retombe à charge aux autres.

ENTRETIENS

Ministère des Finances

1. Quelles sont les occupations du ministre des Finances ?

Le ministre des Finances tient les comptes de la France, dresse le budget, le présente aux Chambres, fait rentrer les impôts et fait les paiements nécessaires à tous ceux que l'État fait travailler.

2. Qu'est-ce que la loi de finances et à quel moment est-elle votée ?

Chaque année, dans les derniers jours de décembre au plus tard, les Chambres votent le budget par la loi de finance.

Les impôts

3. Quelles sont les ressources de l'État ?

Les ressources de l'État sont : 1° les revenus et bénéfices de ses domaines et de ses industries ; 2° les contributions directes ; 3° les contributions indirectes.

4. De quoi se composent les revenus des domaines et industries de l'État ?

Les revenus et bénéfices des domaines et industries sont les sommes rapportées par la vente du bois des forêts, de la poudre, du tabac, etc.

5. Quelles sont les contributions directes ?

Les contributions directes sont : la contribution foncière, la patente, la taxe des portes et fenêtres, la cote personnelle et mobilière.

6. Quand doit-on payer les impôts ?

Quand on doit payer les impôts, on reçoit un bordereau qui indique le montant de la somme qu'on doit verser.

7. Chez qui acquitte-t-on les impôts ? Comment doit-on les payer ?

C'est chez le percepteur qu'on acquitte le montant des impôts. On peut le payer par fractions, un douzième chaque mois.

8. Que comprennent les contributions indirectes ?

Les contributions indirectes comprennent les impôts sur les capitaux, le revenu de l'enregistrement et du timbre, l'impôt sur les valeurs mobilières et enfin les impôts sur les articles de consommation journalière.

9. Quel est le fonctionnaire qui recueille les revenus de l'État dans chaque département ?

C'est le trésorier payeur général qui, dans chaque département recueille les revenus de l'État.

Contrôle des finances

10. Par qui sont contrôlés les comptes des agents des finances ?

Pour contrôler les comptes des agents des finances, l'État a créé des Inspecteurs des finances.

11. Qu'est-ce que la Cour des Comptes ?

La Cour des Comptes est un conseil qui vérifie les écritures de tous les agents des finances.

Devoir de payer l'impôt

12. Pourquoi devons-nous payer l'impôt ?

Nous avons le devoir de payer les impôts sans lesquels la France serait pauvre et ne pourrait plus rien faire pour le bien-être des citoyens, la sécurité et la grandeur du pays.

13. Comment doit-on juger ceux qui veulent se soustraire aux impôts?

Ceux qui essayent de se soustraire aux impôts sont les fraudeurs et les contrebandiers. Ce sont de véritables voleurs que la loi punit.

Devoirs d'examen

I. Expliquez quelles sont les ressources de l'État.

II. Parlez des contributions directes et indirectes, du contrôle des finances et du rôle de la Cour des Comptes.

III. Faites comprendre pourquoi en volant l'État, les fraudeurs volent tout le monde.

DÉCLARATION

DES DROITS DE L'HOMME ET DU CITOYEN

VOTÉE PAR L'ASSEMBLÉE NATIONALE EN 1789.

Les représentants du Peuple français, constitués en Assemblée nationale, considérant que l'ignorance, l'oubli ou le mépris des droits de l'homme sont l'unique cause des malheurs publics et de la corruption des gouvernements, ont résolu de rétablir, dans une déclaration solennelle, les droits naturels, inaliénables, imprescriptibles et sacrés de l'homme, afin que cette déclaration, constamment présente à tous les membres du corps social, leur rappelle sans cesse leurs droits et leurs devoirs; afin que les actes du Pouvoir législatif et ceux du Pouvoir exécutif, pouvant être à chaque instant comparés avec le but de toute institution politique, en soient plus respectés; afin que les réclamations des citoyens, fondées désormais sur des principes simples et incontestables, tournent toujours au maintien de la Constitution et au bonheur de tous.

En conséquence, l'Assemblée nationale reconnaît et déclare, en présence et sous les auspices de l'Être suprême, les droits suivants de l'homme et du citoyen :

ARTICLE 1er. Les hommes naissent et demeurent libres et égaux en droits. Les distinctions sociales ne peuvent être fondées que sur l'utilité commune.

ART. 2. Le but de toute association politique est la conservation des droits naturels et imprescriptibles de l'homme. Ces droits sont la *liberté*, la *propriété*, la *sûreté* et la *résistance à l'oppression*.

ART. 3. Le principe de toute souveraineté réside essentiellement dans la Nation ; nul corps, nul individu ne peut exercer d'autorité qui n'en émane expressément.

ART. 4. La liberté consiste à faire tout ce qui ne nuit pas à autrui ; ainsi l'exercice des droits naturels de chaque homme n'a de bornes que celles qui assurent aux autres membres de la société la jouissance de ces mêmes droits. Ces bornes ne peuvent être déterminées que par la loi.

ART. 5. La loi n'a le droit de défendre que les actions nuisibles à la société. Tout ce qui n'est pas défendu par la loi ne peut être empêché, et nul ne peut être contraint à faire ce qu'elle n'ordonne pas.

ART. 6. La loi est l'expression de la volonté générale ; tous les citoyens ont droit de concourir personnellement ou par leurs représentants à sa formation. Elle doit être la même pour tous, soit qu'elle protège, soit qu'elle punisse. Tous les citoyens étant égaux à ses yeux, sont également admissibles à toutes dignités, places et emplois publics, selon leur capacité et sans autre distinction que celle de leurs vertus et de leurs talents.

ART. 7. Nul homme ne peut être accusé, arrêté, ni détenu, que dans les cas déterminés par la loi, et selon les formes qu'elle a prescrites. Ceux qui sollicitent, expédient, exécutent ou font exécuter des ordres arbitraires, doivent être punis ; mais tout citoyen appelé ou saisi en vertu de la loi, doit obéir à l'instant, il se rend coupable par la résistance.

ART. 8. La loi ne doit établir que des peines strictement nécessaires, et nul ne peut être puni qu'en vertu d'une loi établie et promulguée antérieurement au délit, et légalement appliquée.

ART. 9. Tout homme étant présumé innocent, jusqu'à ce qu'il ait été déclaré coupable, s'il est jugé indispensable de l'arrêter, toute rigueur qui ne serait pas nécessaire pour s'assurer de sa personne doit être sévèrement réprimée par la loi.

ART. 10. Nul ne doit être inquiété pour ses opinions,

même religieuses, pourvu que leur manifestation ne trouble pas l'ordre public établi par la loi.

Art. 11. La libre communication des pensées et des opinions est un des droits les plus précieux de l'homme; tout citoyen peut donc parler, écrire, imprimer librement, sauf à répondre de l'abus de cette liberté dans les cas prévus par la loi.

Art. 12. La garantie des droits de l'homme et du citoyen nécessite une force publique ; cette force est donc instituée pour l'avantage de tous, et non pour l'utilité particulière de ceux auxquels elle est confiée.

Art. 13. Pour l'entretien de la force publique et pour les dépenses d'administration, une contribution commune est indispensable ; elle doit être également répartie entre tous les citoyens, en raison de leurs facultés.

Art. 14. Chaque citoyen a le droit de constater par lui-même ou par ses représentants la nécessité de la contribution publique, de la consentir librement, d'en suivre l'emploi, d'en déterminer la quotité, l'assiette, le recouvrement et la durée.

Art. 15. La société a le droit de demander compte à tout agent public de son administration.

Art. 16. Toute société dans laquelle la garantie des droits n'est pas assurée, ni la séparation des pouvoirs déterminée, n'a point de constitution.

Art. 17. La propriété étant un droit inviolable et sacré, nul ne peut en être privé, si ce n'est lorsque la nécessité publique, légalement constatée, l'exige évidemment et sous la condition d'une juste et préalable indemnité.

TABLE DES MATIÈRES

Paris. — Imp. A. Picard et Kaan, 192, rue de Tolbiac. — K. P. 1003.

GRAMMAIRE ET LANGUE FRANÇAISES
COURS COMPLET D'APRÈS LA MÉTHODE EXPÉRIMENTALE
Par MM.

ED. ROCHEROLLES | **R. PESSONNEAUX**
Professeur agrégé au lycée Louis-le-Grand et à l'École normale supérieure de Saint-Cloud | Professeur agrégé au lycée Henri IV et à l'École normale supérieure de Fontenay-aux-Roses

ROCHEROLLES. — Cours préparatoire. La Grammaire enseignée par les exemples et à l'aide des images. 1 beau volume in-18, cartonné . . . . » 50
Livre du Maître (en préparation).

— Cours élémentaire. Les dix parties du discours. Petits exercices littéraires et grammaticaux, exercices très simples d'observation et d'invention, historiettes enfantines et devoirs de rédaction, construction de phrases, orthographe d'usage, résumés par questions. 1 volume in-18, cartonné, 14e édition . . . . » 75
Livre du Maître (en préparation).

— Cours moyen. Les dix parties du discours. Orthographe d'usage, exercices littéraires et grammaticaux, exercices d'invention et de construction de phrases, familles de mots, homonymes et synonymes, syntaxe, résumés, remarques de grammaire historique, devoirs donnés dans les examens du certificat d'études. Notions de composition et de style. 1 vol. in-18, cart. **1 25**

Livre du Maître contenant le corrigé de tous les exercices du livre de l'élève, des dictées expliquées, des exercices de rédaction, etc. 1 volume in-18 cartonné **2 50**
Ces trois cours sont adoptés pour les écoles de la ville de Paris et portés sur les listes départementales.

ROCHEROLLES et PESSONNEAUX. — Grammaire (Langue française et littérature). *Cours supérieur.* Ouvrage contenant : un coup d'œil sur l'histoire de la langue française, des notions de versification, de composition et de style ; un aperçu sur les différents genres littéraires et sur les littératures grecque et latine ; une histoire sommaire de la littérature française et des littératures étrangères ; des extraits de nos écrivains français avec explications littéraires et grammaticales. In-12, cartonné. **2 25**
Relié toile pleine. **2 60**
Adopté pour les écoles de la ville de Paris et porté sur les listes départementales.

Livre du Maître, contenant le corrigé de tous les exercices du livre de l'élève, des dictées expliquées, des devoirs de rédaction, un grand nombre de notions complémentaires sur les locutions grecques, latines, étrangères, et toutes celles qui sont tirées de la mythologie et de l'histoire. 1 volume in-18 cartonné, pleine toile **3 50**

— Exercices en rapport avec le *Cours supérieur*, par Ed. DRIAULT, agrégé de l'Université, professeur à l'école normale de Versailles. 1 volume in-18 cartonné. . . . . » 90. Relié pleine toile. **1 25**

Livre du Maître (sous presse).